Cornelius Hartz
Skandalon!

Cornelius Hartz

Skandalon!

Skandale und Aufreger
rund um die Antike

Die Deutsche Nationalbibliothek verzeichnet diese Publikation in der
Deutschen Nationalbibliografie; detaillierte bibliografische Daten
sind im Internet über http://dnb.d-nb.de abrufbar.

Der Konrad Theiss Verlag ist ein Imprint der WBG.

© 2014 by WBG (Wissenschaftliche Buchgesellschaft), Darmstadt
Die Herausgabe des Werkes wurde durch die Vereinsmitglieder
der WBG ermöglicht.
Satz und Layout: Satz & mehr, Besigheim
Einbandabbildung: Phryne vor den Richtern, Öl auf Leinwand (1861)
von Jean-Léon Gérôme (1824–1904)
© bpk/Hamburger Kunsthalle/Elke Walford
Einbandgestaltung: Stefan Schmid Design, Stuttgart
Gedruckt auf säurefreiem und alterungsbeständigem Papier
Printed in Germany

Besuchen Sie uns im Internet: www.wbg-wissenverbindet.de

ISBN 978-3-8062-2861-8

Elektronisch sind folgende Ausgaben erhältlich:
eBook (PDF): 978-3-8062-0022-5
eBook (epub): 978-3-8062-0025-6

INHALT

VORWORT

Das griechische Wort *skándalon* bezeichnete ursprünglich ein an einem Band aufgehängtes Stück Holz, das eine Tierfalle zuschnellen ließ. Später meinte es allgemeiner den Sinn und Zweck einer solchen Falle („Verführung"), und in der übertragenen Verwendung wurde dann bereits im Altgriechischen das Ergebnis zur eigentlichen Bedeutung, im Sinne von „Ärgernis" bzw. „Geschehen, das Anstoß erregt". Die moderne Welt ist, wie es scheint, voll von Skandalen – von den großen politischen Skandalen wie der Spiegel-, der Watergate- oder der Barschel-Affäre über Kulturskandale wie den Fußball-Wettskandal oder „Nipplegate" bis hin zur Luxuswohnung des Bischofs Tebarz-van Elst und der Geldverschwendung bei Bauvorhaben wie der Hamburger Elbphilharmonie.

Dass sich Menschen skandalös verhalten – also in besonders auffälliger und öffentlich wahrnehmbarer Art und Weise von der Norm abweichen –, ist ebenso verbreitet wie der Hang der Menschen, Skandalöses zu konsumieren. Die Regenbogenpresse lebt geradezu

> „Wer deine wahren Freunde sind, zeigt sich, wenn du in einen Skandal verwickelt bist."
> *Elizabeth Taylor*

von Skandalen (oder Dingen, die sie zum Skandal aufbauschen kann), dafür sorgt unsere Neigung, uns mit wohligem Schauer am Unglück anderer zu erfreuen und andererseits mit erhobenem moralischem Zeigefinger jene, die sich abseits der Norm bewegen, zurechtzuweisen.

In der Antike war das nicht anders; auch wenn sicherlich viele kleinere Ereignisse, die die Menschen bewegt haben, im Dunkel der Geschichte verschwunden sind, gibt es doch viele herausragende Skandale und „Aufreger", von denen wir heute noch wissen und an die zu erinnern sich lohnt. Ganze Biografien, wie die der Kaiser Elagabal und Nero, reihten Skandal an Skandal; sie finden sich hier ebenso wieder wie Vorkommnisse, die in politischer wie auch in kultureller Hinsicht die Öffentlichkeit bewegten, wie der Bona-Dea-Skandal.

Dennoch darf man über alldem nicht vergessen, dass im Altertum in vielerlei Hinsicht andere Normen galten als heute. Die Gesellschaften waren anders strukturiert, und vieles von dem, was spätere Epochen als skandalös empfanden, galt damals als völlig normal. Auch davon erzählt dieser Band – das gilt für Aspekte wie Knabenliebe und Gladiatorenkämpfe selbst heute noch, trotz allem Bemühen um Objektivität.

Andererseits wird, wie ich hoffe, auch mit einigen Mythen und Vorurteilen aufgeräumt. Denn auch die Geschichtswissenschaft und Archäologie machen unaufhaltsam Fortschritte, und so wird es immer wieder Bereiche geben, in denen das Wissen über bestehende Vorurteile siegt. Und so kann dieses Buch vielleicht auch dazu beitragen, dass der Leser oder die Leserin die eigenen Werte und Ansichten infrage stellt – oder bestätigt sieht.

LIEBE, SEX UND EHEBRUCH

> Frauen werden immer noch dazu erzogen, passiv zu sein, weil sie sonst angeblich für Männer nicht erotisch sind.
>
> *Charlotte Roche*

*

> Schon Clausewitz sagte: Der Puff ist die Fortsetzung der Politik mit anderen Mitteln.
>
> *Wolfgang Neuss*

Sex in der Antike

Prostituierte haben wir für das besondere Vergnügen, Geliebte für die tägliche Befriedigung des Körperlichen und Ehefrauen, um Kinder zu zeugen und den Haushalt zu regeln.

(Quelle: Pseudo-Demosthenes 59.122)

Vieles, das uns an der Antike befremdlich erscheint, hat mit der Sexualität zu tun. Läuft man mit offenen Augen durch die Überreste der antiken Welt, so stößt man allerorten auf Anzügliches, Explizites, Pornographisches, Obszönes. Das beginnt bei den griechischen Vasenbildern und endet bei den Fresken im Bordell von Pompeji. Dazu kommen Details, die man heute zumindest noch mit Namen kennt, von denen die Allgemeinheit aber nicht mehr weiß, wie sie einzuordnen sind – die Knabenliebe (s. S. 30) ist so ein Beispiel. Die Homosexualität ist ein weiterer Bereich, der seit Jahrhunderten ganz selbstverständlich mit den alten Griechen in Verbindung gebracht wird. In einer Szene aus der britischen Sitcom *Fawlty Towers* geht es darum, ob der Hotelkoch homosexuell ist, und als John Cleese erfährt, dass der Koch Grieche ist, ist ihm alles klar: „*That's even worse. I mean, they invented it.*" Selbstverständlich ist diese Sichtweise auch dafür verantwortlich, dass man bei uns in der euphemistischen Nomenklatur der Sexualpraktiken den Analverkehr als „Griechisch" bezeichnet.

Eine Erkenntnis, die unser christlich geprägtes Abendland immer wieder erstaunt hat, ist, dass man in der Antike scheinbar so tolerant gegenüber von der angeblichen Norm abweichendem Sexualverhalten war. In Griechenland war die Knabenliebe gesellschaftlich sanktioniert, und die Dichterin Sappho schrieb auf der Insel Lesbos unverblümt feurige Liebesschwüre an ihre Schülerinnen (s. S. 36) – über erwachsene Homosexuelle indes rümpfte man die Nase. Anders war es später im alten Rom: Dort machte man sich überhaupt nichts aus den Kategorien Homosexualität und Heterosexualität. Die Vorstellung, dass man sein geistiges und körperliches Begehren und seine diesbezüglichen Aktivitäten nur auf ein

Geschlecht ausrichtete, war den Menschen des römischen Altertums schlichtweg fremd. Der sexuelle Status richtete sich nicht nach den Präferenzen, was das Geschlecht des Partners betraf, sondern ausschließlich nach der Position in der gesellschaftlichen Hierarchie. Es ging lediglich um die Frage: Wer ist aktiv, wer ist passiv?

Explizite Vasen

In Mike Nichols Film *The Birdcage* wird dem nichtsahnenden konservativen Senator im Homosexuellen-Haushalt ein Suppenteller im griechisch-antikisierenden Design vorgesetzt. Gut, dass er seine Brille nicht findet, denn, wie seine Frau scharfsinnig bemerkt: „Es sieht so aus, als würden junge Männer Bockspringen üben!" Glücklicherweise bedeckt die Suppe die explizite Szene, bevor der Senator merkt, was dort wirklich abgebildet ist – denn „Bockspringen" tun die jungen Männer natürlich nicht.

Die Bilder auf griechischer Keramik gehören zu den bekanntesten Aspekten altgriechischer Kunst. In der Forschung spielen die Vasenbilder (dieser Terminus soll die anderen Formen der Keramik einschließen) eine

Eine der berühmtesten expliziten Darstellungen auf griechischer Keramik: Eine Hetäre mit einem Kunden, abgebildet auf einer griechischen Weinkanne, ca. 425 v. Chr.; Antikensammlung, Staatliche Museen zu Berlin

wichtige Rolle bei der Untersuchung antiken Sexualverhaltens. Eine der beliebtesten Darstellungen in diesem Bereich befindet sich in der Berliner Antikensammlung auf einer Weinkanne von ca. 425 v. Chr. und zeigt eine junge Frau (sicherlich eine Prostituierte), die gerade dabei ist, sich rittlings einem jungen Mann mit erigiertem Penis auf den Schoß zu setzen (s. Abb. links). Ein unter Altertumswissenschaftlern mindestens ebenso bekanntes Keramikbild ist die Abbildung einer Frau, die kurz davor ist, sich zwei Dildos gleichzeitig einzuführen (zu sehen auf einer Schale in St. Petersburg, ca. 500 v. Chr.).

Davor, danach und dazwischen gab es eine kaum überschaubare Menge an solch offenherzigen Bildern – natürlich nicht nur vor, sondern vor allem beim Geschlechtsverkehr. Männer mit Frauen, Frauen mit Frauen, Männer mit Männern (vor allem mit Knaben), Frauen mit Satyrn, Satyrn untereinander; es gibt Szenen mit Sexspielzeug, urinierende Frauen und sogar Sado-Maso-Darstellungen, bei denen die Frauen den dominanten Part übernehmen. Was uns neben dieser Fülle erstaunen mag, ist die Tatsache, dass man dieses Geschirr tatsächlich verwendete – genau wie die oben genannten Suppenteller: Man aß und trank davon. Was man sich dabei dachte, wissen wir natürlich nicht, und es kann durchaus sein, dass dieses Geschirr für besondere Gelegenheiten aufbewahrt wurde, wie eben Symposien bzw. Gelage.

Sexuelle Tabus in Rom

Als Pompeius das erste Mal Konsul war, Cinna, da trieben es zwei mit Maecilia.
Jetzt, wo er zum zweiten Mal Konsul ist, sind diese zwei noch dabei,
aber zu jedem kamen noch tausend hinzu.
Wie fruchtbar die Saat des Ehebruchs ist!

(Quelle: Catull 113)

Wenn der bedeutende Dichter Catull in seinem 16. Gedicht (s. S. 49) zwei Männer mit den Worten beschimpft: „Ich werde euch in den Arsch und in den Mund ficken …", dann stempelt er sich damit nicht etwa selbst als schwul ab – vielmehr beweist er seine Dominanz. Wenn er im nächsten Vers aber fortfährt: „… dich Aurelius, du Tunte, und dich Furius, du Schwuchtel", dann greift er hier zwei Vokabeln (*pathicus* und *cinaedus*) auf, die tatsächlich in Rom als Schimpfwort für Homosexuelle benutzt wurden: *pathicus* war einer, der sexuell passiv war, und *cinaedus* war einer, der sich weibisch kleidete und benahm, was ihn natürlich ebenso passiv erscheinen ließ, war doch die Passivität die angestammte Rolle der Frau.

Die aktive Rolle war in der Sexualität, wie auch sonst im Leben, für den Mann die einzige gesellschaftlich akzeptierte. Das galt natürlich nur für Freigeborene, Sklaven wurden von ihren Besitzern ohnehin oft als Lustobjekt benutzt; wenn es aber zu einem dauerhaften sexuellen Kontakt zwischen freien Männern kam, war es in jedem Fall von Vorteil für die Außenwirkung, wenn beide eine deutlich unterschiedliche soziale Stellung innehatten. Der Analverkehr war in Rom auch bei gleichgeschlechtlichen Liebesbeziehungen eine höchst seltene Erscheinung, er diente eigentlich ausschließlich dazu, jemanden zu degradieren (sei es real oder als Drohung, wie oben im Catull-Gedicht). Die Norm war das natürlich nicht: Der gewöhnliche Römer heiratete eine Frau, zeugte mit ihr Kinder, und im Schlafzimmer löschte er das Licht (Sex bei brennendem Licht galt als äußerst frivol). Dennoch wird niemand etwas Ungewöhnliches daran gefunden haben, dass Catulls berühmte sehnsuchtsvolle Gedichte an

Lesbia Seite an Seite mit Liebesschwüren an einen jungen Mann namens Juventius stehen, dem er „ein Küsschen geklaut" hat und noch vieles mehr.

So viel zur männlichen Sexualität. Was das weibliche Geschlecht betrifft: Die Frau war passiv. Mit diesem Satz lassen sich alle Facetten des akzeptierten Sexualverhaltens der Frau im alten Rom hinlänglich beschreiben. Für die Frau war die Ehe der einzige Ort, an dem sie Sexualität erleben durfte. Immerhin durchaus lustvolle – einige antike Ärzte sahen den Lustgewinn der Frau als durchaus förderlich für die Fruchtbarkeit an, und die Ehe diente schließlich vor allem dem Zeugen von Nachkommen. Das konnte sich indes schwierig gestalten, denn Cunnilingus war, wie übrigens auch Fellatio (die den Mann „passiv" machte), absolut verpönt. Liebesheiraten gab es so gut wie gar nicht, vor allem nicht in den oberen Schichten, wo Frauen oft schon mit 14 Jahren oder jünger verheiratet wurden, um familiäre Bündnisse zu schließen. Das heißt natürlich nicht, dass es nicht Frauen gab, die sich nahmen, was sie wollten und brauchten. Die von Catull besungene Lesbia hat mit dem Dichter (innerhalb der Gedichte) eine Affäre, obwohl sie verheiratet ist, und die von den elegischen Dichtern wie Properz angebeteten Damen werden gar als „Herrin" (*domina*) stilisiert, die den Verehrer in eigentlich unwürdiger Abhängigkeit halten. Im wirklichen Leben gab es auch solche Frauen, die sogar prominent im Rampenlicht standen, wie Augustus' Tochter Julia (s. S. 85). Natürlich waren das alles Ausnahmen von der Regel, und wie im Falle Julias wurde eine solche Haltung mitunter hart bestraft, aber dennoch gab es sie, und auch ihre unverblümte und ganz natürliche Darstellung in der Literatur spricht da eine deutliche Sprache. Selbst wenn Catull eine Frau, die wie Maecilia in seinem 113. Gedicht aktiv mit ihrer Sexualität umgeht, negativ darstellt, so räumt er ihr doch immerhin die Möglichkeit ein, sich so zu verhalten – ob er das Verhalten negativ oder positiv bewertet, spielt dann eigentlich gar keine Rolle mehr.

Das älteste Gewerbe der Welt

Der geradezu skandalös ungezwungene Umgang mit Einzelaspekten der Sexualität, den man nach der Wiederentdeckung der Antike in der Neuzeit bei antiken Schriftstellern beobachtete, stellte die Forscher vor einige Schwierigkeiten. Man konnte sich kaum über solche Themen unterhalten, geschweige denn schreiben, ohne gegen geltende gesellschaftliche Konventionen zu verstoßen. Dazu gehört auch die Prostitution. Und so war es ganz natürlich, dass man wie nach einem rettenden Strohhalm nach Interpretationen griff, die das, was man lesen „musste", in gewünschter Weise deuten ließen. Das beste Beispiel dafür ist die Prostitution bei den alten Griechen.

Geistreiche Hetären?

Im 19. Jahrhundert meinte man mit dem griechischen Begriff „Hetäre" (*hetaíra*) hauptsächlich die attischen Edelprostituierten: hochpreisige Callgirls, die reiche Männer und Intellektuelle zu Symposien begleiteten,

Ein Fantasieprodukt mit enttäuschtem Philosophen, der seinen Schüler im Bordell entdeckt: Henryk Siemiradzki, „Sokrates findet Alkibiades bei den Hetären", Öl auf Leinwand, 1875; Kunstmuseum Stawropol

wo man sich traf, um zu speisen, sich zu betrinken, zu philosophieren. Daher erwartete man von diesen Hetären durchaus, dass sie sich an Gesprächen und Diskussionen beteiligten; sie mussten also auch geistige Voraussetzungen mitbringen, in Kunst und Kultur bewandert sein – ein krasser Gegensatz zur Rolle der „normalen" Frauen in der Gesellschaft des alten Griechenland, die nur als „Gebärmaschinen" dienten, kaum Bildung erfuhren und so gut wie nie das Haus verlassen durften.

Soweit das Bild, das man bis in die Neuzeit von der griechischen Hetäre hatte. Und es ist auch nicht ganz falsch – doch auf jeden Fall unvollständig. Denn natürlich waren die Hetären in erster Linie dazu da, dass die Gäste beim Symposion mit ihnen Sex haben konnten – in dieser Hinsicht unterschied sie nichts von ihren kostengünstigeren Kolleginnen; und die Rolle, die ihr Intellekt spielte, scheint auch reichlich übertrieben. Sicherlich achtete die Athener Oberschicht darauf, teurere Prostituierte für diese Gelage zu engagieren, schon aus Gründen der Ästhetik, dem höchsten griechischen Ideal. Und wenn man es sich leisten konnte – warum nicht? Dennoch war auch die Dienstleistung dieser Frauen nicht das geistreiche Gespräch, sondern der Sex.

Im Übrigen umfasste der Begriff *hetaíra* (wörtlich: „Gefährtin") auch alle anderen Varianten der käuflichen Liebe, bis hin zur billigen Straßenprostituierten. Die allgemeinere und derogative griechische Bezeichnung für „Hure" war *pórne*, davon ist das Wort „Pornographie" abgeleitet. Die allermeisten Prostituierten waren Sklavinnen, die von Bordellbesitzern (oder Bordellbesitzerinnen) gekauft wurden, die Profit mit ihnen machen wollten. Freigeborene Frauen gingen nur sehr selten der Prostitution nach, dann aber oft auf eigene Rechnung. Für Männer war es durchaus normal, Prostituierte aufzusuchen oder auf Partys mit ihnen zu feiern, schließlich war es ihren eigenen Ehefrauen nicht erlaubt, sie zu einer Abendgesellschaft zu begleiten. So hatte die Wertschätzung und Verbreitung der Prostitution in Griechenland, wie die der Knabenliebe (s. S. 30), vor allem etwas mit dem niederen Status zu tun, den die (Ehe-)Frauen innehatten.

So idealisiert stellte man sich noch in den 1930er Jahren die griechischen Hetären vor:

„Die Personen, von denen ich handeln will, waren oftmals Mädchen aus bester Kinderstube, die sich zu Hause langweilten und überflüssig fühlten; es waren eben der Töchter zu viel im Haus, und sie konnten nicht alle heiraten. Sie fanden einen Freund, mit dem sich etwas wagen ließ; am besten, wenn er reich war. Man konnte da mit Eleganz Karriere machen und den Verehrer abstoßen, wenn man wollte. So waren sie in der Lage, ein eigenes Haus mit Dienerschaft zu machen, oder sie mieteten sich doch ein paar Stuben, womöglich zu ebener Erde, um zu empfangen. Nur wirklich hübsche Damen von gesellschaftlichen Talenten und verfeinertem Geschmack konnten freilich solche Laufbahn riskieren."

(Quelle: Theodor Birt, Frauen der Antike, Leipzig 1932, S. 109 f.)

Rotlicht in Rom

Wer glaubt, man sollte es jungen Männern verbieten, Prostituierte zu besu-chen, muss als tugendhaft gelten, das kann ich nicht leugnen. Aber er würde weder der Freizügigkeit unserer heutigen Zeit gerecht noch den Sitten unse-rer Vorfahren und dem, was sie der Jugend zugestanden.

(Quelle: Cicero, Cael. 48)

Für Rom wissen wir, dass in den Rotlichtvierteln der Stadt, vor allem in den engen Gassen der Subura zwischen Esquilin, Quirinal, Viminal und Cispius, Straßenprostitution Gang und Gäbe war. Dabei stellten sich die Frauen leicht bekleidet oder sogar ganz nackt zur Schau, um Freier anzulocken; mitunter priesen sie dabei besondere Dienste an und gaben sich z. B. als *pathica* (Spezialistin für Analsex) oder *fellatrix* (Oralsex) zu erkennen – solche Praktiken übte eine anständige römische Ehefrau niemals aus. Ansonsten fand Prostitution im Hinterzimmer von Tavernen statt, wo sich Frauen oft für nur ein paar As, den Gegenwert eines Laibes Brot, anboten. Natürlich gab es auch teurere Callgirls, aber die hochprei-sige Prostitution war bei Weitem nicht so weit verbreitet wie in Griechen-land. Das hat sicherlich damit zu tun, dass Frauen in Rom eine bessere Bildung genossen, mehr Rechte besaßen und ihre Männer durchaus zu gesellschaftlichen Anlässen begleiteten – der Bedarf an intellektuell angehauchten Hetären, die neben dem Sex für intelligente Unterhaltung sorgten, was den Preis in die Höhe trieb, war entsprechend geringer. Viele, wenn nicht die meisten Prostituierten waren Sklavinnen, und es gab eine hohe Dunkelziffer „privater" Prostitution – Herren, die ihre Sklavinnen oder Sklaven an Freunde oder Fremde „ausliehen", sicherlich auch gegen Geld. Der Verkehr mit Prostituierten gehörte auch in Rom zum Alltag: Selbst der strenge Cicero muss sich in einer seiner Gerichts-reden eingestehen, dass die Ablehnung der Prostitution angesichts der Sitten seiner Zeit sowie der der Vorfahren weltfremde Züge trägt. Verbote der Prostitution, wie jüngst in Frankreich, können daran nichts ändern und treiben lediglich immer Menschen in die Illegalität.

Der Fall Neaira

Ein gewisser Mann gibt einer gewissen Frau fünf Talente
  und fickt sie, starr vor Angst, und, bei Zeus, die ist nicht einmal hübsch.
Ich gebe Lysianasse fünf Drachmen für zwölf Mal Sex
  und ficke sie, noch dazu ist sie hübscher, und das kann jeder sehen.
Entweder habe ich den Verstand verloren, oder man sollte ihm,
  um ihn in Zukunft davon abzuhalten, die Eier abschneiden.
  (Quelle: AP 5.126 [Philodemos])

Neaira war wahrscheinlich ein Waisen- oder Findelkind, das um 390 v. Chr. herum von einer gewissen Nikarete gekauft wurde, einer Bordellwirtin aus Korinth, der Stadt mit dem berühmten Rotlichtviertel. Zu diesem Zeitpunkt war Neaira etwa 10 Jahre alt. Noch bevor sie in die Pubertät kam, musste sie Kunden bedienen. Nikarete betrieb ein höherklassiges Etablissement, in dem bekannte Persönlichkeiten wie Politiker und Sportler verkehrten. An Neairas Status als Sklavin, die tun musste, was man von ihr verlangte, änderte dies nichts – auch wenn die Bordellwirtin sie als ihre eigene Tochter (und somit als freie Bürgerin) ausgab, um höhere Gewinne mit ihr zu erzielen.

Als sie etwa 16 Jahre alt war, kauften sie zwei ihrer Stammkunden ihrer Besitzerin ab: ein Korinther namens Timanoridas und ein Leukadier namens Eukrates. Astronomische 3.000 Drachmen zahlten sie für Neaira. Problematisch wurde es, als die Männer heiraten wollten – sie boten Neiara an, sich für 2.000 Drachmen freizukaufen. Natürlich besaß sie so viel Geld nicht, und so sprang ein weiterer ehemaliger Kunde ein, ein Athener namens Phrynion, der die Summe aufbot und sie zu sich in sein Haus holte. Hier lebten sie eine Zeitlang wie Mann und Frau zusammen.

Ein Happy End war dies indes nicht: Phrynion schlug und quälte Neaira, sodass sie schließlich von ihm fortlief. Sie nahm ihre paar Habseligkeiten und ihre zwei persönlichen Sklavinnen mit und floh nach Megara, wo sie, wie es scheint, wieder anschaffen gehen wollte – Megara war ähnlich bekannt für sein Vergnügungsviertel wie Korinth.

Zwei Jahre später lernte sie dort einen weiteren reichen Athener, Stephanos, kennen, und nach ein paar Monaten, in denen er bei ihr wohnte, zog sie mit ihren drei Kindern, die sie inzwischen zur Welt gebracht hatte, zu ihm nach Athen. Doch das Unvermeidliche geschah: Phrynion bekam mit, dass Neaira wieder in der Stadt war, und er ließ sie entführen. Für ihn war sie seine Sklavin, und so zerrte er Stephanos vor Gericht – er habe ihm sein Eigentum gestohlen. Am Ende kam es zu einer außergerichtlichen Einigung: Neaira erhielt offiziell den Status einer Freigelassenen, musste aber Phrynion zurückgeben, was sie aus seinem Haus mitgenommen hatte. Am erstaunlichsten aber war, dass das Gericht festlegte, dass Neaira nun zukünftig abwechselnd bei Stephanos und bei Phrynion wohnen sollte, mit allen Konsequenzen. Zu irgendeinem Zeitpunkt scheint es sich dann doch so ergeben zu haben, dass sie ganz zu Stephanos zog. Vielleicht wollte sie ihn sogar heiraten, doch das war gegen das Gesetz, denn sie war keine freie Athenerin.

Zehn Jahre später kam es zu einem erneuten Zwischenfall: Stephanos verheiratete die junge Phano, eine von Neairas Töchtern, mit einem Athener Bürger namens Phrastor, gegen eine stattliche Mitgift von (schon wieder!) 3.000 Drachmen. Im Jahr darauf ließ Phrastor sich von der inzwischen schwangeren Phano wieder scheiden, und er gab an, Stephanos habe damals so getan, als sei Phano seine eigene Tochter aus erster Ehe. Er verlangte die Mitgift zurück, doch bevor es zu einem erneuten Prozess kam, erkrankte Phrastor schwer, und seltsamerweise setzte er in seinem Testament Phanos und seinen Sohn als Erben ein.

Wieder einige Jahre später beschäftigten sich die Gerichte allerdings dennoch erneut mit Neaira. Ein politischer Rivale von Stephanos klagte Neaira an, eine unrechtmäßige Ehe mit Stephanos zu führen und ihre Kinder widerrechtlich als Athener Bürger auszugeben – ansonsten hätte ja auch z. B. Phrastor seinem Sohn mit Phano nichts vererben können. Stephanos drohte nicht nur eine Geldstrafe von 1.000 Drachmen, er lief auch Gefahr, sein Bürgerrecht zu verlieren, was ihn seiner Existenz beraubt hätte. Es ist dieser Prozess, durch den wir so viel über Neaira wissen, denn die ausführliche Anklageschrift ist überliefert, und sie zerrt alle schmutzigen Details ans Licht. Leider besitzen wir aber auch nur die Anklagerede, und somit wissen wir nichts darüber, wie der Prozess endete.

Legendärer Auftritt vor Gericht: Phryne

Phryne war eine der berühmtesten Hetären Griechenlands. Sie kam im
4. Jahrhundert v. Chr. aus Thespeia nach Athen und brachte es dort zu
großem Reichtum. Ihre Schönheit war außerordentlich, und sie soll
Praxiteles für seine berühmte „Knidische Aphrodite" Modell gestanden
haben. Berühmt-berüchtigt ist sie vor allem durch eine in der Antike weit
verbreitete Legende: Sie wurde der Gottlosigkeit angeklagt, da sie behauptet haben sollte, sie sei schöner als Aphrodite, die Göttin der Schönheit.
Was folgte, war ein echter Skandal: Als Phryne vor den Areopag gebracht
wurde, öffnete sie ihr Haar und ließ ihr Gewand fallen – vollkommen
nackt stand sie da, und die Richter konnten nicht anders als sie freizu-
sprechen. Sie hatte nicht gelogen. In der Neuzeit wurde die Szene wieder
bekannt durch den französischen Historienmaler Jean-Léon Gérôme und
dessen Gemälde „Phryne vor dem Areopag" von 1861, das heute in der
Hamburger Kunsthalle hängt. Dabei entbehrt die Anekdote über Phrynes
Auftritt vor Gericht jeglicher Realität: Frauen durften niemals vor Gericht
erscheinen, auch nicht, wenn sie angeklagt waren.

*Fantastische Farben im Gerichtssaal: Jean-Léon Gérôme, „Phryne vor den Richtern",
Öl auf Leinwand, 1861; Hamburger Kunsthalle*

Hetären unter sich

Glykera: Meine liebe Thais, du erinnerst dich doch an den Offizier aus Arkarna, der erst Abrotonon aushielt und sich danach in mich verliebte? Den hübschen Soldaten, der immer das rote Gewand trug? Oder erinnerst du dich nicht?

> **Steckbrief: LUKIAN**
> Name: Lukian von Samosata
> Daten: ca. 120 – ca. 185 n. Chr.
> Beruf: Schriftsteller
> Genres: Satirische Dialoge
> Wichtigste Werke:
> – *Göttergespräche*
> – *Totengespräche*
> – *Der Lügenfreund*

Thais: Doch, ich erinnere mich gut an ihn, kleine Klykera. Erst letztes Jahr hat er ja mit uns am Fest der Demeter ein Gelage gefeiert. Aber weshalb fragst du? Hast du seinetwegen irgendwelche Sorgen?

Glykera: Glaubt man es, Thais? Die gemeine Gorgona, die immer so tat, als sei sie meine Freundin, die hat nicht geruht, bis sie ihn mir heimlich ausgespannt hatte.

Thais: Er hat dich also verlassen und verbringt seine Zeit jetzt mit Gorgona?

Glykera: So ist es, meine liebe Thais! Und das hat mich sehr getroffen, glaube mir!

Thais: Das ist zwar traurig, aber nicht besonders ungewöhnlich. Das kommt doch jeden Tag bei uns vor. Du darfst dich deshalb nicht ärgern, und du darfst auch nicht eifersüchtig auf Gorgona sein. Mit Abrotonon und dir war es doch dasselbe – sie war deine Freundin, und du hast ihr trotzdem den Liebhaber ausgespannt, und sie hat dir das nicht nachgetragen. Trotzdem frage ich mich, was dem Offizier so sehr an ihr gefallen hat. Seit er das letzte Mal hier war, muss er seine Augen verloren haben – hat er nicht gesehen, dass sie fast kahl ist und dass ihre Stirn zwei Handbreit hoch ist? Dass sie graue, blasse Lippen hat, eine lange Nase, und dass man an ihrem dünnen Hals alle Adern zählen kann? Immerhin ist sie hoch von Wuchs und hat ein ganz schönes Lächeln.

Glykera: Oh Thais, es war doch nicht ihre Schönheit, in die der Offizier sich verliebt hat. Weißt du denn nicht, dass Chrysarion ihre Mutter ist – und dass diese Zaubersprüche aus Thessalien kennt und den Mond herunterholen kann? Manche behaupten sogar, dass sie nachts herumfliegt. Die Mutter war es, die ihn becirct hat, indem sie ihm etwas in den Trank gab, und jetzt nehmen sie ihn zusammen aus.

Thais: Du wirst schon einen anderen finden, den du dann wieder ausnehmen kannst; vergiss diesen hier.

(Quelle: Lukian, dial. meretr. 1)

Huren für den Tempel

Auch die Leute von Juda taten, was Jahwe missfiel. [...] Es gab sogar männliche Prostituierte für den Fruchtbarkeitskult. In allem folgten sie den abscheulichen Bräuchen der Völker, die Jahwe vor den Israeliten vertrieben hatte.

(Quelle: 1 Kön 14.22 ff.)

Die sogenannte Tempelprostitution (oder heilige Prostitution) ist eines der umstrittensten Themen der Altertumsforschung. Lange Zeit glaubte man vorbehaltlos den antiken Zeugnissen, die sie beschrieben, und jahrhundertelang stand sie im Westen als Sinnbild für die fehlgeleitete Dekadenz vorchristlicher Kulturen – zumal im Nahen Osten. Das Bild, das dabei gezeichnet wurde, war stets das gleiche: Bei der Tempelprostitution wurden unverheiratete junge Frauen gezwungen, gegen einen symbolischen Geldbetrag mit Fremden zu schlafen, als Teil des Kultes einer Fruchtbarkeits- oder Liebesgottheit. Hin und wieder wurde und wird die Ansicht vertreten, die Tempelprostitution im alten Orient sei eine Art Vorläufer der gewerbsmäßigen Prostitution im späteren Griechenland gewesen.

Unser Wissen um die Tempelprostitution geht vor allem auf eine Stelle bei Herodot, dem „Vater der Geschichtsschreibung", zurück (s. u.); daneben gibt es eine Stelle im *Gilgamesch-Epos*, die eventuell die kultische Prostitution beschreibt, und eine Erwähnung (überraschenderweise männlicher) Kultprostituierter im Alten Testament. Da aber im Hebräischen die Wörter für „Prostituierte" und „Tempelprostituierte" die gleichen sind, ist nicht ganz klar, wie mit dieser Stelle umzugehen ist. Herodot beschreibt den seltsamen Brauch bei den Phöniziern, die die Göttin Astarte verehrten, in der Bibel geht es offenbar um kanaanäischen Kulte wie den der Göttin Aschera.

Bei aller gebotenen Vorsicht: Dass die Forschung heute die Existenz der Tempelprostitution immer mehr anzweifelt, mag zum Teil mit einer übervorsichtigen *political correctness* zu tun haben. Es kann durchaus sein, dass sie eine ganz traditionelle Institution des phönizischen Astarte-Kults war – genau das mag einer der Gründe gewesen sein, warum die Israeliten sich so vehement dagegen wehrten, Astarte anzubeten. Und auch die Bibel mag Recht haben: Auf Zypern hat man phönizische Inschriften aus dem 5. Jahrhundert v. Chr. entdeckt, die eventuell die Namen von im Astarte-Tempel beschäftigten Prostituierten nennen – und zwar weibliche wie männliche. Diese Inschriften sprechen allerdings gegen den Modus Operandi, den Herodot beschreibt, dass jede Frau einer Gemeinde sich einmal im Leben zu Ehren der Göttin prostituieren musste. Hier sieht es so aus, als hätte der Tempel tatsächlich eigene Prostituierte beschäftigt.

Klären lassen wird sich diese Frage nie, und sicherlich lässt die Beschreibung bei Herodot manchem einen Schauer über den Rücken laufen. Doch gerade weil es so abstrus klingt, könnte etwas Wahres dran sein. Und noch scheinen die Wissenschaftler, die ihre Existenz rundheraus ablehnen, in der Minderzahl. Immerhin fand noch 2007 an der Uni Oldenburg eine Tagung statt mit dem Thema: „Tempelprostitution zwischen griechischer Kultur und Vorderem Orient". Wichtig ist in jedem Fall die Feststellung, dass Sex und Religion sich nicht immer so antagonistisch gegenüberstanden, wie es die christliche Tradition uns immer wieder weismacht.

Herodot über die Tempelprostitution

Nun aber kommt der hässlichste Brauch bei den Babyloniern: Jede Frau des Landes muss einmal in ihrem Leben beim Tempel der Aphrodite sich niedersetzen und sich von einem Fremden beschlafen lassen. Viele, die sich mit den andern nicht gemein machen wollen, weil sie sich auf ihr Geld etwas einbilden, fahren in bedeckten Wagen zum Heiligtum und haben hinter sich eine zahlreiche Dienerschaft. Die meisten aber tun es so, dass sie im heiligen Hain der Aphrodite sitzen und einen Kranz von Stricken um den Kopf haben. Dann kommen eine Menge Frauen, und andere gehen von dannen. Und mitten zwischen den Frauen hindurch gehen schnurgerade Gassen nach allen Richtungen. Da gehen denn die Fremden und lesen sich eine aus. Und wenn eine Frau hier einmal sitzt, so darf sie nicht eher wieder nach Hause, als bis ein Fremder ihr Geld in den Schoß geworfen und sie beschlafen hat, außerhalb des Heiligtums. Wenn er das Geld hinwirft, so muss er im Namen der Göttin Mylitta sprechen. Mylitta heißt Aphrodite nämlich bei den Assyrern. Das Geld mag nun so viel sein, als es wolle, sie darf es nicht verschmähen – das ist verboten, denn es ist geweihtes Geld. Und mit dem Erstbesten, der ihr Geld hinwirft, mit dem muss sie gehen und darf keinen abweisen. Wenn sie sich nun hat beschlafen lassen und sich dadurch der Göttin geweiht, so geht sie wieder nach Hause, und fortan kann man ihr noch so viel bieten – sie tut es nicht wieder. Die nun hübsch aussehen und wohlge-wachsen sind, die kommen bald wieder nach Hause; die Hässlichen aber müssen lange Zeit da bleiben und können das Gesetz nicht erfüllen. Ja, manche bleiben wohl drei bis vier Jahre. An einigen Orten auf Zypern herrscht ein ähnlicher Brauch.

(Quelle: Herodot, 1.199, Übers. nach Friedrich Lange)

Geliebte Knaben

Die Knabenliebe ist ein Beispiel für eine Praxis, die in ihrem zeitgenössischen Kontext kaum für Aufregung sorgte, aber in unserer heutigen Zeit als überaus skandalös wahrgenommen wird. Wie so oft liegt es daran, dass einige wichtige Details dieser Spielart der Homosexualität der breiten Masse heute unbekannt sind. Als „Knabenliebe" oder wissenschaftlich „Päderastie" (von griech. *pais* = „Junge" und *eráo* = „lieben") bezeichnet man eine institutionalisierte Form der Interaktion zwischen erwachsenen Männern und minderjährigen Jungen im alten Griechenland. Um es gleich vorauszuschicken: Bei der Knabenliebe ging es zwar auch, aber nur zweitrangig um Sex. Dass Platon im *Symposion* die Liebe zum Knaben der Liebe zur Frau gegenüberstellt und ihr dann den Vorzug gibt, liegt vor allem darin begründet, dass für die Knabenliebe (anders als für die Frauenliebe) die geistige Verbundenheit eine unabdingbare Voraussetzung war. Da die Frauen eine gesellschaftlich so niedrige Stellung besaßen, waren sie oft nicht mehr als ungebildete Haushälterinnen, mit denen ein Mann keine wirkliche solche Verbundenheit entwickeln konnte. So existierte die Knabenliebe in jeder Hinsicht parallel zur heterosexuellen Ehe, es war „keine Frage einer individuellen Konditioniertheit, sondern einer gesellschaftlichen Konvention, abhängig von Alter und Sozialstatus" (Carola Reinsberg).

Normalerweise lief das folgendermaßen ab: Ein *erástes*, ein Mann üblicherweise von Mitte bis Ende 20 und aus einer der oberen Gesellschaftsschichten, ging eine Beziehung mit einem *erómenos* ein, einem jüngeren Mann, der die Pubertät abgeschlossen hatte, aber üblicherweise nicht älter als 18 Jahre war (oft wird der Junge einfach als „bartlos" beschrieben). Wenn der junge Mann 18 wurde, endete die päderastische Beziehung und ging oft in eine lebenslange Freundschaft über. Der Ältere fungierte als eine Art Mentor für den Jüngeren, führte ihn in die Details von Politik, Rhetorik, Militärwesen und gesellschaftlichen Konventionen ein. Er war mehr Lehrer als Liebhaber, aber trotz allem war er eben auch Letzteres.

Die Terminologie weist bereits darauf hin: Der *erástes* („Liebender") hatte die aktive Rolle inne, der *erómenos* („Geliebter") die passive. Das bezog sich auch auf die Sexualität, selbst wenn sich diese oft nur in einfachen, mitunter lediglich angedeuteten Zärtlichkeiten äußerte. In der spätklassischen Zeit war dies sogar das Ideal. Dennoch kam es durchaus auch zu sexuellen Handlungen. Anders als unter erwachsenen Homosexuellen üblich, kam es selten, vielleicht sogar gar nicht, zur oralen oder analen Penetration. Stattdessen war der sogenannte „Schenkelverkehr" eine beliebte Spielart: Der aktive Partner steckte dabei seinen erigierten Penis von vorne zwischen die Schenkel des passiven, um sich so zu befriedigen. In der Mythologie standen Zeus und Ganymed Pate für die Knabenliebe. Ganymed galt als schönster Knabe der Welt und Zeus entführte ihn auf den Olymp, wo er den Göttern als Mundschenk diente. Die Deutung ist nicht ganz von der Hand zu weisen, dass dieser Mythos der gesellschaftlichen Legitimation der Knabenliebe gedient hat.

Knabenliebe in der griechischen Literatur

Platon:

Welche Weiber aber Abschnitte eines Weibes sind, die kümmern sich nicht viel um die Männer, sondern sind mehr den Weibern zugewendet und die Tribaden kommen aus diesem Geschlecht; die aber Schnitte eines Mannes sind suchen das männliche auf, und so lange sie noch Knaben sind, lieben sie als Schnittstücke des Mannes die Männer, und bei Männern zu liegen und sich mit ihnen zu umschlingen ergötzt sie, und dies sind die trefflichsten unter den Knaben und heranwachsenden Jünglingen, weil sie die männlichsten sind von Natur. Einige nun nennen sie zwar schamlos, aber mit Unrecht. Denn nicht aus Schamlosigkeit tun sie dies, sondern weil sie mit Mut und Kühnheit und Mannhaftigkeit das ihnen ähnliche lieben. Davon ist ein großer Beweis, daß wenn sie vollkommen ausgebildet sind, solche Männer vorzüglich für die Angelegenheiten des Staates gedeihen. Sind sie aber mannbar geworden, so werden sie Knabenliebe haben; zur Ehe aber und Kinderzeugung haben sie von Natur keine Lust, sondern nur durch das Gesetz werden sie dazu genötiget, ihnen selbst wäre es genug unter einander zu leben unverehelicht. Auf alle Weise also wird ein solcher ein Knabenliebhaber und ein Liebhaberfreund, indem er immer dem verwandten anhängt.

Wenn aber einmal einer seine wahre eigne Hälfte antrifft, ein Knabenfreund oder jeder andere, dann werden sie wunderbar entzückt zu freundschaftlicher Einigung und Liebe, und wollen, so zu sagen, auch nicht die kleinste Zeit von einander lassen; und die ihr ganzes Leben lang mit einander verbunden bleiben, diese sind es, welche auch nicht einmal zu sagen wüßten was sie von einander wollen.

(Quelle: Platon, Symp. 191–2.; Übers. F. Schleiermacher)

*

Theognis:

Knabe, meine Leidenschaft gebietet über mich. Hör zu, ich sage nichts,
das nicht überzeugend oder das unangenehm wäre für dein Herz.
Versuche einfach, meine Worte zu verstehen. Du musst nichts tun,
das nicht deinen Wünschen nahekommt.

(Quelle: Theognis 1235–38)

*

Anonym:

Mein Herz ist nicht verrückt nach Knaben: Was ist schön daran, ihr Ero-
ten,
einen zu ficken, wenn du nicht willst, was man dir gibt?
Denn eine Hand wäscht die andere. Für mich ist und bleibt meine Frau
schön.
Ein Mann stößt mich ab durch seinen „Henkel".

(Quelle: AP 5.208)

Römische Päderastie

> „Ich mag nur Sex, an dem beide Spaß haben; deshalb habe ich nichts für die Knabenliebe übrig."
>
> Ovid

Die Knabenliebe wurde auch im alten Rom praktiziert, allerdings weniger offen als in Griechenland. Dabei stand jedoch, ganz anders als bei den Hellenen, die sexuelle Komponente bald deutlich im Vordergrund – womöglich als direkte Folge der „Kriminalisierung" der Päderastie: Sexuelle Kontakte zwischen freigeborenen Römern bzw. Römerinnen außer in der Ehe waren tabu, und homosexuelle Begegnungen fanden in der Regel nur zwischen Menschen statt, die in einem Abhängigkeitsverhältnis lebten (Herr – Sklave). Da der passive Partner sich dem aktiven nach römischem Verständnis in jeder Hinsicht unterwarf, konnte folgerichtig nur ein gesellschaftlich niedriger Gestellter sexuell passiv sein. Das war beim Herrn und dem Sklaven oder der Sklavin ebenso der Fall wie beim Mann und seiner Ehefrau, egal, welcher Schicht sie angehörten, nicht jedoch bei einem Mann und einem Jugendlichen der Oberschicht, wie es das griechische Konzept der Knabenliebe eigentlich vorsah. Dennoch waren auch Beziehungen zwischen erwachsenen Männern und allzu jungen Sklaven verpönt.

Das hielt jedoch selbst die mächtigsten Römer nicht davon ab, diese Form der Sexualität zu praktizieren. Ein berühmtes Beispiel für Päderastie in Rom findet sich in Suetons Biographie des Kaisers Tiberius, der sich im Bad seiner Villa auf Capri mit *spintriae*, haarlosen jungen Männern, vergnügte, die er sich aus allen Winkeln des Reiches zuführen ließ. Man kann davon ausgehen, dass es Tiberius dabei eher um sexuelles Vergnügen ging als um geistige Verbundenheit. Selbst wenn diese Anekdote nicht unbedingt wahr ist, so zeigt ihre quasi selbstverständliche Erwähnung doch, dass es solche Strukturen in Rom gab – über Clodius Pulcher (s. S. 124) erzählte man sich übrigens Ähnliches.

Moderne Zitate zur Knabenliebe

So wie bey den Griechen, die das gestaltvollste Volk waren, es wirklich eine bloße Gestaltenliebe gab, die Knabenliebe, eine künstlerische bildende Verirrung, eben so liegt in diesen Menschen, welche die gestaltlosesten sind, eine Gestaltenfreundschaft, die ewig Verderbtheit bleiben wird, indem sie eine krankhafte Metastase der Liebe in die Freundschaft, ein unglückliches Vermischen der heiligen ersten Ursache mit dem geselligen Zwecke ist.

Clemens Brentano, *Godwi* (1801)

*

Es fehlt uns nur an dem höhern Personal, und mancher muß mehrere Rollen zu gleicher Zeit spielen. Z. B. unser Dichter, der die zarte griechische Knabenliebe besingt, hat auch die aristophanische Grobheit übernehmen müssen; aber er kann alles machen, er hat alles was zu einem großen Dichter gehört, außer etwa Phantasie und Witz, und wenn er viel Geld hätte, wäre er ein reicher Mann.

Heinrich Heine, *Reisebilder* (1831)

*

In ihrem aufs üppigste und eleganteste ausgestatteten Klubhause, das in orientalisierend griechischem Geschmacke gehalten war, obgleich seine Außenarchitektur den heimischen Tudorstil aufwies, befanden sich neben einer Menge von marmornen und bronzenen Knaben- und Jünglingsstatuen auch die Standbilder von Alcibiades, Alexander, Cäsar, Michelangelo, Friedrich dem Großen und anderen berühmten Männern, gleichsam als eine Ahnengalerie der Knabenliebe, und es fehlte auch nicht an einer sehr kostbar gebundenen Bibliothek der großen „griechischen" Literatur.

Otto Julius Bierbaum, *Prinz Kuckuck* (1908)

Lesben aus Lesbos

Er sieht aus, als wär' er von den Lesbiern (oder: er machte den Lesbiern alle Ehre). (Altgr.)
  Wo nichts dahinter ist; denn die Lesbier standen wegen ihrer Eitelkeit und Windmacherei in übelm Rufe. Auch vom Schmuzigen und Unreinen. Lesbisch reden, handeln, ist soviel als sich besudeln.
  (Quelle: Karl F. W. Wander, Deutsches Sprichwörter-Lexicon,
  Leipzig 1867–1880, s. v. Aussehen)

Lange Zeit besaß man von der Gedichten der Sappho, der Dichterin aus Mytilene auf Lesbos, nur ein paar wenige Bruchstücke, die bei anderen antiken Autoren zitiert waren. Dabei umfasste ihr Gesamtwerk in der Bibliothek von Alexandria noch neun ganze Bücher. Das änderte sich erst in den vergangenen hundert Jahren durch diverse Papyrusfunde in Ägypten – wieder größtenteils nur Fragmente, aber immerhin! Dass Sappho (obwohl sie so bedeutend war) das Mittelalter nicht überlebte, ihre Gedichte also nicht von Mönchen kopiert wurden, erklärt sich leicht: Sie schrieb wunderschöne Liebesgedichte voller Gefühl – an Frauen. Überhaupt nimmt die Bezeichnung „lesbisch" bei Sappho ihren Ausgangspunkt: Sie stammte von der Insel Lesbos, und ihre Herkunftsbezeichnung wurde im Laufe der Zeit zum Synonym für eine Frau, die Frauen liebt.

Noch bis Ende des 20. Jahrhunderts findet sich Sappho sogar selbst als Namensgeberin der lesbischen Liebe wieder – in Titeln von Büchern (*Sappho und ihre Schülerinnen*, 1971), Softpornos (*Sappho '68* , 1968), Zeitschriften (*Sappho. Lesbian Feminist Voice*, 1972–1981) oder in Pseudonymen (Mademoiselle Sappho: *Beichte eines jungen Mädchens*, 1981). Doch wer war nun eigentlich diese Sappho, von der heute kaum noch jemand mehr als den Namen kennt – und war sie tatsächlich lesbisch?

Ein Skandal ist streng genommen bereits, wie wenig wir über Sappho wissen. Bedenkt man, dass ihr zweifellos (vor allem angesichts der noch Jahrtausende dauernden patriarchalen Strukturen der westlichen Zivi-

Eindrucksvolle Darstellung der größten antiken Dichterin: Antoine Bourdelle, „Sappho", Kopie des Originals von 1887, vor dem Kunstmuseum Kagoshima, Japan

> „Wo die Venus die Sappho beneiden kann – Lesbos, wo die Phrynen einander begehren."
>
> *Charles Baudelaire*

lisation) der Status der größten Dichterin aller Zeiten – mindestens bis in die Neuzeit – zugebilligt werden muss, ist es geradezu erschreckend, wie wenig sich die direkte Nachwelt für ihre Biografie interessiert hat. Das meiste, was wir über Sapphos Leben rekonstruieren können, entspringt ihrer Dichtung (ist also stets durch eine „lyrische" Brille zu sehen), der Rest ist größtenteils Legendenbildung.

Immerhin wissen wir einigermaßen verlässlich, dass sie auf der Insel Lesbos gelebt hat, und wir wissen auch, wann: Laut Strabo und Athenaios war Sappho entweder Zeitgenossin des Dichters Alkaios und des Staatsmanns Pittakos oder des lydischen Königs Alyattes II. – demnach lebte sie Ende des 7. Jhs. v. Chr. Die Parische Chronik sagt, sie sei um 600 v. Chr. herum nach Sizilien verbannt worden. Nun sind das alles keine ganz zeitgenössischen Quellen, so dass man natürlich Hörensagen einrechnen muss, aber so etwas wie Lebensdaten und die Tatsache, dass jemand verbannt wurde, gehörte im Allgemeinen nicht zu dem, was man Personen im Nachhinein einfach so andichtete. Mehrere Quellen (u. a. ein Papyrus) geben an, Sappho habe eine Tochter namens Kleis gehabt – und tatsächlich spricht sie selbst in einem ihrer Gedichte davon, sie habe ein „schönes Kind" mit Namen Kleis (Fr. 132).

Das Mädchenpensionat auf Lesbos

Als ziemlich sicher gilt außerdem, dass Sappho auf ihrer Insel eine Art „Schule für höhere Töchter" leitete, in denen diese auf ihr Leben als Ehefrau vorbereitet wurden. Es mag durchaus sein, dass sich viele ihrer Gedichte an einzelne Schülerinnen richteten. Ob es dabei zu irgendwelchen sexuellen Handlungen kam, wie es sich spätere Generationen nur allzu gern ausmalten, kann niemand wissen. Lange Zeit später, im 3. Jh. n. Chr., kam in der Literatur, wenn es um Sappho ging, das Wort „Gynerastie" auf – parallel zur klassisch-griechischen Institution der Päderastie (s. S. 30).

Dass Sappho die lesbische Liebe „erfunden" hat, wie man nicht nur bei Pierre de Bourdeille (um 1600 herum) liest, ist natürlich Unsinn.

Dennoch bezeichnete man in Griechenland den Oralverkehr mit dem Verb *lesbiazein*, was soviel bedeutete wie „es treiben wie die Bewohner von Lesbos". Das hat sicherlich entfernt ebenfalls noch mit Sappho zu tun, aber interessanterweise war diese Bezeichnung nicht auf den Cunnilingus beschränkt und hatte in Wirklichkeit gar keine speziell Frauen betreffende Bedeutung. Der Erste, der die Bewohnerinnen von Lesbos eindeutig mit Homosexualität in Verbindung bringt, ist Lukian im 2. Jh. n. Chr. – rund 700 Jahre nach Sappho.

Im modernen Sprachgebrauch wurden die schöne Insel Lesbos und ihre Bewohnerinnen, die Lesbierinnen, erst im 18. Jahrhundert zum allgemeineren Synonym und (der damaligen Moral nach) Euphemismus für die gleichgeschlechtliche Liebe unter Frauen. Nicht „lesbisch", sondern „sapphisch" nennt diese Liebe dann wieder der Brockhaus von 1837: „… klagte [Sappho] aber auch zugleich einer unnatürlichen und unsittlichen Neigung zu ihrem eignen Geschlechte an, woher der Ausdruck: sapphische Liebe entstanden ist." Die Wertung dabei wird, bedenkt man die Entstehungszeit dieser Zeilen, niemanden erstaunen.

Umso erstaunlicher ist, wie ungezwungen man mit Sappho in der Antike umging. Die griechische Kultur, wie auch die römische, waren, wenn nicht frauenfeindlich, dann doch zumindest männerzentriert bzw. phallokratisch; und anders als sexuelle Kontakte zwischen Männern (zumindest wenn sie bestimmten Regeln folgten, s. S. 16) war weibliche Homosexualität in der griechisch-römischen Welt absolut verpönt. Dennoch hat kein Geringerer als der Philosoph Platon Sappho als „die zehnte Muse" bezeichnet, sie also sogar in den griechischen Pantheon erhoben. Und der berühmte römische Dichter Catull adaptierte ein Sappho-Gedicht, noch dazu ein erhaltenes, das sich eigentlich an eine Frau richtet. Catull besingt damit seine angebetete Lesbia (auch dieses Pseudonym ist ein direkter Verweis auf Sappho). Allerdings legen sowohl dieses Pseudonym als auch das Platon-Zitat wiederum nahe, dass Sappho in der Antike eben *nicht* als Sinnbild einer weiblichen Homosexuellen galt.

Ich möchte noch eine Frage stellen, die vielleicht noch niemand aufgeworfen, ja woran wahrscheinlich noch keiner gedacht hat: nämlich ob zwei Damen, die ineinander verliebt sind, was heutzutage oft vorkommt, und die, nach dem Muster der gelehrten Lesbierin Sappho, zusammen treiben, was man donna con donna nennt, Ehebruch begehen und ihre Männer zu Hahnreien machen können.

Gewiß, wenn man Martial in seinem ersten Buch, Epigramm CXIX, glauben will, so begehen sie Ehebruch. Er spricht dort von einer Frau Namens Bassa, einer Tribade, und macht es ihr sehr zum Vorwurf, daß sie niemals Männer empfängt, so daß man sie für eine zweite Lukrezia halten könnte. Aber sie wurde überführt, da man sehr viele Frauen und Mädchen bei ihr verkehren sah, und man fand, daß sie bei den Frauen die Rolle eines Mannes und Ehebrechers spielte und sich mit ihnen zusammentat. […] Man sagt, in diesem Punkte wäre die Sappho von Lesbos eine vortreffliche Lehrerin gewesen, ja, man behauptet, sie habe die Sache erfunden und die lesbischen Damen hätten sie bis auf den heutigen Tag nur nachgeahmt.

(Quelle: Pierre de Bourdeille, Das Leben der galanten Damen, Leipzig 1904, S. 131, Erstescheinen 1665)

Gedichtfragmente von Sappho

„Sterben will ich, ja wirklich!"
Schluchzend verließ sie mich.
Neben vielem anderen sagte sie Folgendes zu mir:
„Oh, welch schreckliche Dinge haben wir durchgemacht,
Sappho, ich gehe fort, auch wenn ich nicht will."

Fr. 94

*

Sie ist wie der süße Apfel, der hoch oben am Zweig sich rötet,
oben, ganz oben, den die Apfelpflücker vergaßen.
Nein, sie vergaßen ihn nicht, sie konnten ihn nicht erreichen.

Fr. 105a

*

Wieder erschüttert mich die Liebe, die die Glieder erschöpft.
Bittersüß, unabwendbar, ein Untier.

Fr. 130

*

Keinen Honig mehr für mich – und auch keine Biene …

Fr. 146

Aspasia und Perikles

Worin bestanden ihre Sünden? Auf der komischen Bühne, die den Skandal aufzuwühlen liebte, wurde sie spöttisch die Hera genannt. Das war noch nichts Schlimmes; denn Perikles hieß ja der Olympier oder der Zeus Athens; also mußte sie seine Hera sein. Bedenklicher, daß sie auch die Omphale hieß. So wie Held Herakles durch Omphale verweichlichte, so sollte sie auch dem Perikles entnervend sein Heldentum geraubt haben.

(Quelle: Theodor Birt, Frauen der Antike, Leipzig 1932, S. 72)

Einer der größten Skandale der griechischen Antike war die Beziehung zwischen dem berühmten Athener Staatsmanns Perikles und einer Frau namens Aspasia, Mitte des 5. Jahrhunderts v. Chr. Nicht nur die Tatsache, dass Perikles, einer der Gründerväter der attischen Demokratie und als Stratege hauptsächlich für den Aufstieg Athens zur Großmacht verantwortlich, seine Frau verließ, um eine 20 Jahre jüngere zu heiraten, sondern auch die Art und Weise, wie das Paar miteinander umging, sorgten für Aufsehen. Vom gesellschaftlichen Hintergrund Aspasias ganz zu schweigen.

> „Er nahm sich Aspasia und liebte sie auf ganz ungewöhnliche Weise."
> *Plutarch*

Als sie sich kennenlernten, war Perikles Mitte 40, Aspasia gerade einmal 20 Jahre alt. Ein solcher Altersunterschied war nicht ungewöhnlich, wohl aber, dass Perikles, der zu dieser Zeit schon als feste Größe der Politik Athens galt, bereits verheiratet war und zwei Söhne hatte, als er sich mit ihr einließ. Bemerkenswert ist, dass antike Quellen darauf hinweisen, dass Perikles mit seiner ersten Frau nicht glücklich war. Immerhin befinden wir uns in einer Zeit, in der Ehen nach dynastischen, wirtschaftlichen, politischen Gesichtspunkten geschlossen wurden, zumal in den Kreisen des Perikles, der aus einer bekannten aristokratischen Familie stammte (die er schon durch seine Demokratiefreundlichkeit verärgert hatte). Die romantische Liebe gehörte im klassischen Griechenland in das Reich der Mythologie, der Literatur – und eben der Skandale.

Aspasia stammte aus Milet. So wirtschaftlich bedeutend diese griechische Hafenstadt in der heutigen Türkei auch war, dennoch war Aspasia in Athen eine Fremde. Zur Zeit, als sie dort eintraf, galt ein Gesetz, dass das attische Bürgerrecht nur erlangen konnte, wer Eltern hatte, die beide bereits freie Bürger Athens waren. Ausgerechnet Perikles hatte dieses Gesetz mit auf den Weg gebracht. Doch nicht nur, dass sie gewissermaßen Ausländerin war, sie fügte sich auch sonst nicht in die untergeordnete Rolle, die einer Frau in der Gesellschaft des klassischen Griechenland zukam. Die gebildete Aspasia gründete eine Art Intellektuellensalon und verkehrte schon bald mit zahlreichen Denkern, Philosophen und Literaten. Sokrates nennt sie in einem bei Platon überlieferten Gespräch „Rhetoriklehrerin". Es verwundert wenig, dass sie zur Zielscheibe des Spotts der Athener wurde – z. B. der Komödienschreiber, die sie als Hure verunglimpften. Dies geschah einer selbstbewussten Frau, die nicht zu Hause am Herd auf den Mann wartete, zu jener Zeit fast zwangsläufig. Kein Wunder also, dass Perikles auf Aspasia aufmerksam wurde, nur wenige Frauen standen so im Rampenlicht wie sie. Und er muss sich Hals über Kopf in sie verliebt haben. Perikles ließ sich von seiner Frau scheiden und lebte fortan mit Aspasia zusammen.

Eine allzu zärtliche wilde Ehe

Nicht nur die Verbindung dieser zwei prominenten Figuren, die in der Öffentlichkeit so ganz unterschiedlich wahrgenommen wurden, war ein Skandal, auch die Art und Weise, wie sie ihre Liebe zelebrierten. Plutarch erzählt, dass Perikles Aspasia „jeden Tag umarmte und küsste, wenn er aus dem Haus ging und wenn er von der Agora wiederkam" (Per. 24.9). Allein die Tatsache, dass der Historiker und Biograph eigens auf diese Tatsache hinweist, zeigt (und soll bei ihm tatsächlich auch demonstrieren), als wie ungewöhnlich ein solches Verhalten galt. Als wäre dies noch nicht genug, sah man sie unter Umständen sogar als ihm in mancher Hinsicht überlegen an; das antike Lexikon *Suda* hat einen Eintrag über Aspasia, und darin heißt es nicht nur, sie sei „begabt im Umgang mit Worten" gewesen, sondern auch „Perikles' Lehrerin". Auch Plutarch schreibt, sie habe ihn in politischen Dingen beraten.

Zwanzig Jahre lang lebte das Paar zusammen, auch wenn es wohl nicht offiziell heiraten konnte – dagegen stand Perikles' eigene Gesetzgebung. Sie bekam dennoch einen Sohn von ihm, der von den politischen Feinden seines Vaters als „Bastard" verhöhnt wurde. Auch sonst kam das Paar kaum zur Ruhe. Die Verbindung war ein Skandal und würde es bleiben. Als 441 v. Chr. ein Krieg zwischen Athen und Samos ausbrach, hieß es, Aspasia sei schuld daran: Schließlich wollte Samos der Stadt Milet die Stadt Priene streitig machen, und da Aspasia ja aus Milet stammte, wussten Perikles' Gegner erfolgreich das Gerücht zu streuen, sie habe ihn dazu gedrängt, in den mehrjährigen Konflikt einzugreifen. Acht Jahre später lastete man ihr an, eine Mitschuld am sogenannten megarischen Psephisma zu haben, dem per Volksbeschluss gegen den Stadtstaat Megara verhängten Handelsembargo. Zur selben Zeit musste sich Perikles selbst vor Gericht verantworten, da man ihn der Kuppelei anklagte – hier zeigt sich wieder, dass Aspasia in den Augen der Öffentlichkeit als Prostituierte galt. Zwar sprach man Perikles frei, aber dies konnte die Gemüter kaum beruhigen, und das zwölf Jahre, nachdem die beiden ein Paar geworden waren.

Nichtsdestotrotz hielt er zu Aspasia, und sie waren ein Paar, bis er drei Jahre nach dem Freispruch starb. Dass Aspasia ihn um fast zehn Jahre überlebte, wundert kaum, immerhin war sie wesentlich jünger als er. Eher kann es erstaunen, dass sie trotz aller Anfeindungen in Athen blieb. Dies spricht dafür, dass sie als Intellektuelle ihren Platz in der Hauptstadt der Philosophie sah; immerhin wird sie Milet nicht ohne Grund verlassen haben. Ganz abgesehen davon hatte sie bald nach Perikles' Tod einen neuen Liebhaber: Lysikles, einen Vertrauten ihres verstorbenen Mannes.

Antike und moderne Stimmen zu Aspasia

Xenophon:

Sokrates erzählt Aischines, dass Aspasia oft mit Xenophons Frau stritt und auch mit Xenophon selbst.

„Sag mir bitte, Frau des Xenophon, wenn deine Nachbarin besseres Gold hat als du, hättest du dann lieber jenes Gold oder deines?"

„Jenes", sagte sie.

„Angenommen, sie hat schönere Kleider und anderen Zierrat für Frauen, und dieser ist mehr wert als der, den du hast, hättest du dann lieber ihre Sachen oder deine?"

„Ihre natürlich," antwortete sie.

„Und wenn", sagte Aspasia, „sie einen besseren Ehemann hat als du, hättest du dann lieber ihren Ehemann oder deinen?"

Hier errötete sie.

Dann stellte Aspasia Xenophon persönlich zur Rede: „Sag mir bitte, Xenophon, wenn dein Nachbar bessere Pferde hat als du, hättest du dann lieber jene Pferde oder deine?"

„Jene", sagte er.

„Angenommen, er hat ein schöneres Grundstück als du, ich frage dich, besäßest du dann lieber seines oder deines?"

„Das bessere natürlich," sagte er.

„Und wenn", sagte Aspasia, „er eine besseren Ehefrau hat als du, hättest du dann lieber seine Ehefrau oder deine?"

Da wurde Xenophon ganz still.

Aspasia aber sprach: „Da mir keiner von euch beiden diese Frage beantworten will, die einzige Frage, die ich eigentlich beantwortet haben wollte, werde ich euch sagen, was jeder von euch beiden gedacht hat: Du, Frau des Xenophon, willst den bestmöglichen Mann, und du, Xenophon, die angenehmste Frau. Darum gilt: Wenn ihr es nicht so einrichtet, dass es auf der ganzen Erde keinen besseren Mann und keine angenehmere Frau für euch gibt als euren Partner, dann werdet ihr euch immer nach dem sehnen, was ihr als das Wichtigste überhaupt erachtet: nämlich dass du, Xenophon, der Ehemann der bestmöglichen Ehefrau bist, und du, Frau, die Ehefrau des bestmöglichen Mannes."

Nachdem beide dieser ja wirklich unbezweifelbaren Aussage zugestimmt hatten, stand fest, dass sie selbst das Zweifelhafte, wenn sie sie getrennt befragt hätte, als sicher angegeben hätten, und zwar aufgrund der Art und Weise der Befragung. Sokrates verwendete diese Art des Fragens oft und gern.

(Quelle: Cicero, De inv. 1.51 ff.)

Ein Historiker des 19. Jahrhunderts:

In Griechenland, wo der männlichen Sinnlichkeit keine Fesseln angethan waren, mußten es vorherrschend Weiber sein, geniale Künstlerinnen, Schülerinnen und Lehrerinnen der Philosophen. So waren freilich nicht alle; viele waren nur wegen ihrer unvergleichlichen Schönheit allgemein gesucht; daß es aber solche Hetären gab und daß dieß gerade zu ihrem Wesen gehörte, ist unläugbar. Das berühmteste Beispiel hievon ist Aspasia, die Freundin und dann die Gattin des Perikles. Daß auch sie anfänglich vollkommen frei in sinnlicher Beziehung lebte, ist nicht zu bezweifeln; dieß hielt aber den Sokrates nicht ab, sich als ihren Schüler zu bekennen, noch den Perikles, bei ihr alle Geheimnisse des feinsten Geschmacks zu lernen. Bei aller Freiheit der Sinnlichkeit finden wir also hier eine außerordentliche geistige Werthschätzung des Weibes. Mehr nur von der sinnlichen Seite sind Phryne und Lais bekannt. Wie offen auch in dieser Hinsicht der Umgang mit ihnen war, geht daraus hervor, daß der Redner Demosthenes, um die Reize der letzteren zu genießen, nach Korinth reiste, aber unverrichteter Sache wieder umkehrte, weil ihm 1000 Thaler zu viel waren, was zu dem im ganzen Alterthum gangbar gewordenen Sprüchwort Veranlassung gab: „Nicht jeder kann nach Korinth reisen." Ja sogar den Diogenes, den jeden Genuß verachtenden Philosophen in der Tonne, soll sie aus dieser heraus in ihre weichen Arme gelockt haben.

(Quelle: Friedrich von Sontheim, Geschichte der Liebe oder Versuch einer Philosophie der Geschichte für Damen, 1855, S. 54)

Obszönität vs. Pornographie

Heute werden diese beiden Begriffe oft in einen Topf geworfen, doch in der antiken Literatur finden sich zahlreiche Stellen, die obszön sind, aber nicht pornographisch. Pornographie gab es in der Antike natürlich auch; als „pornographisch" bezeichnete man damals wie heute Schriften oder Bilder, die dazu gedacht waren, den Rezipienten sexuell zu erregen. Die Obszönität hingegen erfüllte eine ganz andere Funktion. Sie findet sich in der griechischen Lyrik und Komödie und in römischen Schmähgedichten, sogenannten Invektiven. Ihr Sinn und Zweck ist in aller Regel der Angriff. Wenn Catull beispielsweise jemanden auf obszöne Art und Weise in einem Gedicht angreift, dann baut er damit vorsätzlich eine Art „Dreiecksverhältnis" zwischen dem Autor (bzw. lyrischem Ich), dem Leser und dem Angegriffenen auf. Die Verwendung explizit obszöner Terminologie (wie *futuere*, *cunnus* usw.) unterstützt diese Funktionalität: Sie verschärft den Angriff auch auf verbaler Ebene und bindet den Leser enger an den Autor, da er (vermeintlich) ins Vertrauen gezogen wird, indem der Autor ihm intime Details offenbart. Der Angriff fällt dadurch umso stärker aus, da der Leser sich im Moment des Lesens zwangsläufig mit dem Autor solidarisiert (es sei denn, er hört auf zu lesen) und eine Front gegen den Angegriffenen (oder die Angegriffenen) bildet.

Letzterer Punkt wirkt für heutige Leser besonders drastisch, wenn dabei auf aggressivste Weise homosexuelle Handlungen angedroht werden. Man betrachte nur dieses Beispiel, wieder von Catull, dem Meister der Invektive (*Gedichte* 37): „Nur weil ihr da geistlos herumsitzt/ zu hundert oder zweihundert, glaubt ihr, ich werde es nicht wagen,/ euch allen zweihundert, die ihr dasitzt, mein Gemächt ins Maul zu stecken?" Man muss dabei bedenken, dass es sich hier natürlich in erster Linie um einen Spruch wie das heute unter Jugendlichen beliebte „Ich fick deine Mutter!" handelt und in etwa genauso ernst gemeint war; und zweitens, dass in Griechenland und Rom ja ganz andere Sexualnormen herrschten als heute bei uns (s. S. 16). So achtet auch Catull darauf, dass er sich nirgends in passiver Haltung präsentiert – zumindest nicht in seinen Schmähgedichten. In seiner Liebeslyrik sieht das manchmal ganz anders aus …

Theorie und Praxis: Catulls Gedicht Nr. 16

Das folgende Gedicht von Catull (allzu zart Besaitete sollten weiterblättern) ist eines der frühesten, die sich explizit mit der Frage des „lyrischen Ich" in der Literatur auseinandersetzen – kurz gesagt: Ist die reale Person des Dichters auf jeden Fall identisch mit der Person oder Figur, als die er sich in seiner Literatur darstellt? Catulls Antwort: nein.

> Ich werde euch in den Arsch und in den Mund ficken,
> dich Aurelius, du Tunte, und dich Furius, du Schwuchtel,
> die ihr nach dem Lesen meiner Verse glaubt, weil diese
> ein wenig unzüchtig sind, sei auch ich nicht ganz ehrbar.
> Denn keusch zu sein, das ziemt dem frommen Dichter,
> aber seine Verse müssen es nicht sein;
> die sind nur dann gepfeffert und clever,
> wenn sie unzüchtig sind und unehrenhaft
> und wenn sie das erregen, was geil wird –
> ich meine nicht bei den jungen, sondern bei den behaarten
> Männern, die die steifen Glieder nicht mehr bewegen können.
> Wenn ihr über viele tausend Küsse
> lest, glaubt ihr, ich sei kein richtiger Mann?
> Ich werde euch in den Arsch und in den Mund ficken.

Als Dichter ist er in der Lage, sich in seinen Gedichten in einer Art und Weise darzustellen, die nicht der Wirklichkeit entspricht. Um seine Meinung zu untermauern, greift er zwei Personen, die ihm (glaubt man dem Gedicht) vorgeworfen haben, er sei moralisch verdorben, weil er so schreibe, in drastischster Art und Weise an. Nein, er selbst ist „keusch", stellt er klar, doch von seinen Versen müsse das keiner erwarten – offenbar.

Kein Blatt vor dem Mund: deftige antike Lyrik

Bitte, meine süße Ipsitilla, meine Wonne, meine Hübsche,
befiehl doch, dass ich heute zum Mittagsschlaf zu dir komme.
Und wenn du das tust, dann hilf mit,
dass keiner an der Schwelle die Tür verriegelt
und dass es dich nicht überkommt, aus dem Haus zu gehen;
bleib zuhause, und lass uns neunmal Sex haben – hintereinander!
Wirklich, wenn du es willst, dann befiehl es mir sofort:
Denn ich liege hier, gut gefrühstückt und satt,
auf dem Rücken und durchstoße schon Unter- und Obergewand.

Catull, *Gedichte* 32

Catull wurde um 85 v. Chr. in Verona geboren und starb wahrscheinlich schon mit Anfang 30. Seine Gedichte *(carmina)* füllen nur ein schmales Buch, aber sie gehören zur einflussreichsten Dichtung der Antike. In ihr findet der schonungslose Ausdruck persönlicher Gefühle in der Lyrik seinen Ausgangspunkt.

*

Du zweifelst, ob Phaborinos fickt? Hör auf, zu zweifeln:
Er selbst hat mir gesagt, dass er fickt – mit seinem eigenen Mund.

Anthologia Palatina 11.223 (Meleager)

Die **Anthologia Palatina** ist eine im 10. Jh. n. Chr. zusammengestellte Sammlung griechischer Gedichte von diversen Autoren. Sie umfasst über 3.000 grob thematisch gegliederte Gedichte in 15 Büchern. Vor allem in Buch 5 der Sammlung finden sich zahlreiche erotische und obszöne Epigramme aus der Antike.

*

Oh Fuß, oh Waden, oh – für euch bin ich rechtmäßig gestorben –
    Schenkel, oh Hinterbacken, oh Vagina, oh Weichen,
oh Schultern, oh Brüste, oh schlanker Hals,
    oh Hände, oh – für euch bin ich verrückt geworden – Augen,
oh kunstvollste Bewegung, oh gewaltige
    Küssereien, oh Stimmchen, das mich bewegt!
Auch wenn sie oskisch ist und Flora und nicht Sapphos Lieder singt:
    Auch Perseus liebte die indische Andromeda.

                        Anthologia Palatina 5.132 (Philodemos)

                    *

Was sagt deine Ehebrecherin? Nein, nein, Gongylion, deine Freundin,
    meine ich nicht. Wen denn dann? Na, deine Zunge!

                              Martial, *Epigramme* 3.84

Martial war ein römischer Dichter und lebte in der zweiten Hälfte des 1. Jahrhunderts n. Chr. Er war ein Meister der Kleinform und schrieb über 1.500 Gedichte, von denen viele so kurz sind wie dieses. Durch seine humorvollen, oft anzüglichen, aber immer lebensnahen Schilderungen erfahren wir viel über das römische Alltagsleben.

                    *

Es war Sommer und gerade die Mittagsstunde verstrichen,
    ich hatte meine Glieder auf der Liege ausgestreckt.
Ein Fenster war zum Teil geöffnet, zum Teil geschlossen,
    es war ein Licht, wie es oft im Wald scheint,
wie die Abendstimmung, nachdem die Sonne weicht,
    oder die Nacht schwindet, wenn der Tag aufgeht.
In einem solchen Licht gewährt schamhaften Mädchen
    die furchtsame Scham ein Versteck.
Siehe, da kommt Corinna, den Gürtel der Tunika gelöst,
    ihren Hals berührt ihr offenes Haar –

genauso kam die schöne Semiramis ins Schlafzimmer,
>   so sagt man, und Laïs, von vielen geliebt.
Ich riss ihr die Tunika herunter, die ohnehin kaum etwas verbarg,
>   dennoch kämpfte sie, sich mit der Tunika zu bedecken,
indes, sie kämpfte wie eine, die gar nicht gewinnen will,
>   und durch diesen ihren Verrat unterlag sie.
So stand sie vor meinen Augen, die Hüllen gefallen,
>   an ihrem ganzen Körper war kein Makel zu finden.
Wie schön die Schultern, schön zu sehen und zu fühlen die Arme!
>   Brüste von so schöner Form, dass man sie drücken musste!
Wie flach ihr Bauch unter der so straffen Brust!
>   Wie voll und schön ihre Flanke! Wie jugendlich der Schenkel!
Aber wozu Einzelheiten? Nicht sah ich, was nicht zu loben wäre,
>   und ich presste ihren nackten Körper an meinen.
Wer wüsste nicht, was dann kam? – – Müde ruhten wir uns aus.
>   So sollte „es" mir oft am Mittag „gedeihen"!

Ovid, *Liebesgedichte* 1.5

Die *Liebesgedichte* sind das Werk, mit dem der Dichter **Ovid** bekannt wurde, im Alter von etwa 30 Jahren. Bei den 50 Gedichten über die Liebe steht stets eine Frau im Mittelpunkt, die den griechischen Namen Corinna trägt – höchstwahrscheinlich ein Pseudonym.

*

Dass du es mit Sklavinnen treibst, Alauda, das sagt deine Frau.
>   Sie hingegen mag die Sänftenträger: Ihr passt gut zusammen!

Martial, *Epigramme* 12.58

*

Doris, die mit dem rosigen Hintern, auf dem Bett ausgestreckt,
>   mit jugendlichen Gliedern – da bin ich unsterblich geworden.

Denn mit ihren seltsam großen Füßen ist sie mitten über mich gestiegen
　　und hat, ohne sich zu neigen, den Liebes-Dauerlauf zu Ende gebracht,
mit stumpfem Blick. Ihr Körper aber wankte und zitterte wie Blätter im Wind,
　　bis die weißliche Lebenskraft von uns beiden verspritzt war.

Anthologia Palatina 5.55 (Dioskurides)

*

Ameana, dieses ausgebumste Mädchen,
will 10.000 Sesterzen von mir.
Dabei hat sie eine hässliche kleine Nase
und ist noch dazu die Freundin dieses
üblen Verschwenders aus Formiae!
Verwandte, die ihr euch um das Mädchen sorgt,
ruft Freunde und Ärzte zusammen:
Das Mädchen ist nicht ganz gesund.
Aber fragt sie bloß nicht, was ihr fehlt –
das tut schon regelmäßig ihr Spiegel …

Catull, *Gedichte* 41

*

Eine gut gewachsene und schöne Frau zieht mich an, ob sie nun
　　in ihrer Blüte steht, oder ob sie älter ist, oh Simylos.
Denn ein junges Mädchen wird mich an sich drücken, eine alte
　　Greisin mit Falten aber, oh Simylos, wird mir einen blasen.

Anthologia Palatina 5.38 (Nikarchos)

*

Du fragst mich, warum ich dich nicht heirate, Galla? Du bist so eloquent,
　　und mein Schwanz macht so viele Syntax-Fehler.

Martial, *Epigramme* 11.19

*

Wenn deine Angebetete sich, im Polster zurückgelehnt,
    tragen lässt, dann tritt ganz leise an ihre Sänfte,
und damit keiner dich mit missgünstigen Ohren belauscht,
    sei schlau, wenn möglich, sprich zweideutig und gib ihr Zeichen.
Wenn sie langsam zwischen den Säulen einer weitläufigen Halle
    umherspaziert, dann sei zur selben Zeit vor Ort.
Und achte darauf, dass du ihr mal voraus-, mal hinterhergehst,
    dass du dich mal beeilst, mal zurückfällst.
Hab weder Angst, auch mal ein paar Säulen zwischen euch
    Platz zu lassen, noch direkt neben ihr zu gehen.
Sie soll auch nicht ohne dich im Theater sitzen: Das Einzige,
    was du da sehen willst, hat sie sich um die Schultern gehängt.
Hier darfst du sie anschauen und sie bewundern.
    Rede viel mit deinen Augenbrauen und mit Zeichen.
Applaudiere, wenn man ein tanzendes Mädchen sieht,
    applaudiere Schauspielern, die Verliebte darstellen.
Wenn sie aufsteht, steh auch du auf. Solange sie sitzt, bleibe sitzen.
    Verschwende deine Zeit so, wie deine Herrin es will.

Ovid, Liebeskunst 1.487–504

Ovids *Liebeskunst* bedient sich der ehrwürdigen Form des Lehrgedichts, um den Leser darin zu „unterrichten", wie man ein Mädchen kennenlernt, sie umwirbt u. v. m. Es war äußerst populär. Später verfasste er eine Art Nachfolgeband mit Gegenprogramm: *Heilmittel gegen die Liebe*.

No sex please, they're penguins!

Θις ἀφτερνοον ἰ σαυ ἀ μοστ ἐχτραορδιναρι σιτε. Ἀ πενγυιν ὑας ἀκτυαλλι ἐνγαγεδ ἰν σοδομι ὑπον θε βοδυ ὀφ ἀ δεαδ ὑιτε θροατεδ βιρδ ὀφ ἰτς ὀνε σπεσιες.

George Murray Levicks Notizen vom 10. November 1911

Bis Ende des 20. Jahrhunderts war es in der klassischen Philologie üblich, obszöne Begriffe in lateinischer oder griechischer Sprache zu umschreiben. Man kam nicht darum herum, sich mit diesen Themen zu beschäftigen – allzu viele Texte bedeutender antiker Autoren haben solche „saftigen" Stellen. Solange man in der Originalsprache bleib, setzte man sich nicht der Gefahr aus, Anstoß zu erregen; immerhin blieb die Lektüre gebildeten Menschen vorbehalten, von denen man annehmen durfte, dass sie das Beschriebene mit dem nötigen Abstand bewerten konnten. Als das Lateinische im 19. Jahrhundert aber auch in der Klassischen Philologie endlich durch Englisch, Deutsch, Italienisch usw. abgelöst wurde, gingen die Gelehrten dazu über, die „schlimmen Wörter" in Sekundärtexten durch ihre lateinischen und griechischen Synonyme zu ersetzen – das lässt sich noch bis in die 1990er Jahre beobachten. Diese Herangehensweise fand sich jedoch nicht nur in der wissenschaftlichen Beschäftigung mit antiken Texten. Ein geradezu skurriles Beispiel stammt aus der Biologie.

Dr. George Murray Levick (1876–1956) war ein englischer Gentleman. Obendrein war er Arzt – und Entdecker: Er gründete die British Schools' Exploring Society und begleitete Robert Falcon Scott auf dessen grausam scheiternder Antarktis-Expedition 1910–13. In der Antarktis ist sogar ein Berg nach ihm benannt. Größeren Eindruck hinterließ er aber in der Biologie, denn Levick hatte nach der Terra-Nova-Expedition tatsächlich etwas vorzuweisen: eine umfangreiche Studie über das Sozialverhalten der Adeliepinguine (*Pygoscelis adeliae*), die er 1915 unter dem Titel *Antarctic penguins. A study of their social habits* herausgab. Als seine Studie die Öffentlichkeit erreichte, fehlte indes ein wichtiges Kapitel:

das zum Sexualverhalten der Tiere. Als gründlicher Forscher hatte er dieses Kapitel zwar geschrieben, doch was es enthielt, musste jeden Leser entsetzen: Nekrophilie, Homosexualität, Missbrauch von Jungtieren, Selbstbefriedigung und zahlreiche sexuelle Aktivitäten, die nicht auf Fortpflanzung ausgerichtet waren. *Shocking!* Der erschütterte Levick kam zur Überzeugung, er könne diese Beschreibungen, die seinem eigenen moralischen Empfinden (und dem der britischen Gesellschaft) zutiefst zuwiderliefen, der breiten Öffentlichkeit nicht zumuten – zumal z. B. Homosexualität immer noch unter Strafe stand.

Einfach ignorieren konnte er sie aber auch nicht, Wissenschaftler, der er war. Und er konnte noch nicht einmal riskieren, dass ein Unbefugter (bzw. Ungebildeter) sie in seinen privaten Aufzeichnungen fand. Also griff der klassisch ausgebildete Arzt zu einem ganz besonderen Kniff: In den Notizbüchern, die er während der Expedition verfasste, bediente sich Levick der altgriechischen Sprache, wenn auch nur des Alphabets: Er schrieb sein Englisch mit altgriechischen Lettern – klar, es musste schnell gehen. Aber seinen Zweck wird es erfüllt haben, denn immerhin waren seine Notizen so nicht auf den ersten Blick für jedermann zu entziffern, sondern nur von englischen Gentlemen, die damals noch standardmäßig Altgriechisch in der Schule gelernt hatten.

Zurück in England schrieb er dann doch noch einen vierseitigen Aufsatz über das Sexualverhalten der Adeliepinguine, von dem er 100 Exemplare drucken ließ und persönlich verteilte. Zwei Exemplare haben überlebt, die meisten werden wohl gleich nach der Lektüre in *Mission: Impossible*-Manier vernichtet worden sein. Und auch die überlebenden gerieten in Vergessenheit – erst 2012 tauchte der Text wieder auf. Inzwischen wusste man schon mehr über die Pinguine, die tatsächlich einige Verhaltensweisen demonstrieren, über die die Biologen staunen, aber heute besser einordnen können. Der moderne Forscher Douglas Russell dazu: „Ein toter Pinguin, der mit halb geöffneten Augen am Boden liegt, sieht aus wie ein fügsames Weibchen. Das Resultat ist die sogenannte Nekrophilie, die Levick zu beobachten meinte und die ihn so abgestoßen hat."

Geliebte Domina

Wenn Bacchus mir die Sinne betäubt hat, soll mich bloß keiner
   aufwecken, bis ich nicht mehr so unglücklich verliebt bin!
Denn für mein Mädchen ist eine strenge Wache aufgestellt worden,
   und die hartherzige Haustür ist mit einem starken Riegel gesichert.
Dich, oh Tür eines wachsamen Hausherrn, soll der Regen peitschen!
   Auf Befehl Jupiters sollen Blitze dich treffen!

(Quelle: Tibull, 1.2.3–6)

Unsere heutige Verwendung des Wortes „Domina" hat auf den ersten
Blick wenig mit dem lateinischen Wort zu tun, das die Hausherrin eines
römischen Haushalts (*domus*) bezeichnete – analog zum *dominus*, dem
„Herrn im Haus", dem man heute vor allem in der katholischen Liturgie
begegnet (*„Absolve domine"*). Doch war die *domina* natürlich auch die
Herrin der im Haushalt arbeitenden Sklaven, so dass wir doch wieder die
Brücke zum modernen SM-Studio schlagen können. Und das, worum es
in diesem Kapitel geht, ist auch gar nicht so weit davon entfernt.

Zu Beginn der augusteischen Zeit traten in Rom ein paar Dichter auf
den Plan, die wir heute als „Elegiker" bezeichnen, nach der poetischen
Form, die sie bevorzugten – Gedichten mittlerer Länge im Versmaß
elegisches Distichon. Die bedeutendsten (überlieferten) waren Tibull
und Properz, aber auch Ovid lässt sich dazuzählen. Und in gewisser
Weise bereits Catull, der hier sprachlich und motivisch einiges auf den
Weg brachte. Dass die Elegiker die skandalöseste Erscheinung der
damaligen Literaturszene waren, liegt indes weniger an der Form, sondern vielmehr am Inhalt ihrer Liebeslyrik. Das immer wiederkehrende
Motiv dabei nennen die Literaturwissenschaftler Paraklausithyron, was
wörtlich so viel bedeutet wie „vor der Tür weinen". Überspitzt gesagt
sitzt dabei der Liebhaber (oder der, der gerne einer wäre), vor der
geschlossenen Tür auf der Schwelle und jammert, dass er nicht herein-
darf. Dennoch ist er der strengen Herrin mit Haut und Haaren verfallen,
befindet sich im *servitium amoris*, der „Knechtschaft der Liebe", ist

(emotional) Sklave seiner Herrin. Die Momente der Erfüllung, wenn sie ihn doch einmal zu sich lässt, sind rar, und in der Regel muss er seine Angebetete mit anderen teilen, entweder weil er Rivalen hat mit demselben Status wie er, oder, im schlimmsten Fall, weil die *domina* einen *dominus* hat, also verheiratet ist, wie z. B. bei Catull und seiner Lesbia.

Bedenkt man die reale Stellung der Frau in Rom, so war dies als Haltung eines freien römischen Bürgers, die er noch dazu mittels Literatur öffentlich machte, eine unerhörte Frechheit. Nur gut, dass die Elegiker sich keinen Deut darum scherten, im Gegenteil: Sie gaben ihren *dominae* Pseudonyme, die eigentlich gebräuchliche Namen griechischer Prostituierter bzw. Sklavinnen waren (was auf dasselbe herauskam): Cynthia, Delia, Corinna. Natürlich konnte das die ganze Angelegenheit in den Augen der Öffentlichkeit nur noch schlimmer machen. Und um den Ganzen die Krone aufzusetzen, suchten die Elegiker keine reguläre Beschäftigung wie Politik oder Militär – sie gingen ganz auf in ihrer (meist unglücklichen) Liebe, die bei Properz sogar *militia amoris*, „Kriegsdienst der Liebe", heißt. Arbeiten im herkömmlichen Sinne mussten sie auch nicht: Properz wurde in den Kreis der Dichter um Maecenas aufgenommen, Tibull und Ovid ließen sich von Messalla Corvinus fördern. Über ihre Mäzene befanden sich also alle drei Elegiker im Dunstkreis des Augustus, konnten sich also der Wertschätzung allerhöchsten Ortes sicher sein. Beruhigend eigentlich, wenn die Mächtigen Literatur und Kunst auch einmal als solche erkennen und trotz explosiven skandalösen Potenzials fördern oder zumindest fördern lassen.

Die bigamistische Kaiserin

Sie war für Gaius Silius, den schönsten römischen Jüngling, so entbrannt, dass sie die adlige Junia Silana aus der Ehe mit ihm drängte, um sich des nunmehr Ledigen im Ehebruch zu bemächtigen. Sicherlich wusste Silius, was sie vorhatte und wie gefährlich es war, aber er wusste auch, was ihm blühte, sollte er sich weigern.

(Quelle: Tacitus, ann. 11.12.2)

Valeria Messalina war die dritte Ehefrau des Kaisers Claudius, eines Stiefenkels von Augustus, der von 41 bis 54 n. Chr. das Römische Reich regierte. Claudius war von schwächlicher Konstitution und hatte diverse Gebrechen wie unkontrollierte Zuckungen und Stottern. Verständlich, dass er größeres Interesse für die Abgeschiedenheit historischer Forschungen aufbrachte als für die Öffentlichkeit der Politik; wohl deshalb blieb er von Kaiser Caligulas willkürlichem Zorn verschont, der alle Rivalen ausschaltete. Nach Caligulas Ermordung war indes kein anderer männlicher Vertreter des julisch-claudischen Herrscherhauses mehr übrig, und so fand sich Claudius unversehens als Kaiser wieder. Er stellte sich aber gar nicht ungeschickt dabei an, sondern war ein guter Verwalter, und zu seiner Zeit gelang auch endlich die lang ersehnte Eroberung Britanniens.

Messalina und Claudius hatten bereits ein paar Jahre vor Claudius' Thronbesteigung geheiratet, und sie hatten zusammen zwei Kinder. Claudius war jedoch 30 Jahre älter als sie, und wenn man dazu noch seine schlechte Konstitution bedenkt, bedeutete das für Messalina, er konnte jeden Moment sterben; ihr gemeinsamer Sohn Britannicus würde dann neuer Kaiser werden. Zu ihrer eigenen Sicherheit und um Britannicus' willen begann sie, alle

> „Der junge Mann war dem Tode geweiht, als Messalina ihn erblickte."
> *Juvenal*

potenziellen Bedrohungen für sich selbst und ihre Kinder aus dem Weg zu räumen. Diverse Personen am Kaiserhof ließ sie unter Vorwänden ins Exil schicken oder hinrichten. Egoismus und Rücksichtslosigkeit scheinen zu ihren hervorstechendsten Eigenschaften gehört zu haben. Doch wie so

Im 19. Jahrhundert ein dankbarer Anlass zum Zeigen nackter Haut: Federico Faruffini, „Die Orgien der Messalina", 1867/68 (unvollendet)

oft, verselbständigte sich dieses Bild in den antiken Quellen ein wenig: Vor allem Sueton und Tacitus zeigen Messalina als grausam, habgierig, vergnügungssüchtig und nicht zuletzt als Nymphomanin. Wenn sie eine Abendgesellschaft gab, konnte man sich sicher sein, dass hinterher wilde Gerüchte über orgienartige Ausschweifungen kursierten. Ob diese nun stimmten, sei dahingestellt. Tatsächlich historisch belegt ist ihre Affäre mit Gaius Silius, einem gutaussehenden römischen Senator und Konsulssohn, der mit einer Aristokratin verheiratet war, der Schwester von Caligulas erster Frau. Sie drängte ihn, sich von ihr scheiden zu lassen, und er gehorchte. Doch damit nicht genug: Offenbar schmiedete das Paar einen Plan, um Claudius zu töten und Silius an seiner Stelle als Kaiser einzusetzen. Um dies zu erreichen, schufen sie im Vorfeld bereits Tatsachen: Messalina und Silius heirateten – komplett mit Trauzeugen und unterschriebenen Ehedokumenten. Selbstverständlich war dies Bigamie, denn Messalina war schließlich mit Claudius verheiratet.

Zum Attentat kam es nicht mehr, denn Claudius erfuhr von den Plänen Claudius und ließ die beiden Neuvermählten umgehend töten. Einmal mehr erwies sich der gebrechliche Kaiser als erstaunlich reaktionsschnell.

In ihrer letzten Stunde wurde Messalina noch die ehrenvolle Möglichkeit angeboten, sich selbst umzubringen, doch sie brachte es nicht fertig und wurde von einem Offizier erstochen. Es heißt, als er die Nachricht vom Tod seiner Frau erhielt, habe sich Claudius gerade beim Abendessen befunden. Seine einzige Reaktion: Er bat um mehr Wein.

SKANDALKULTUR – KULTURSKANDALE

Eine Kultur kann nur an ihrer eigenen
Schwäche sterben.

André Malraux

*

Es gibt verschiedene Kulturen, aber nur
eine Zivilisation, die europäische.

Kemal Atatürk

Antike im Drogenrausch

Mit dem Drogenmissbrauch ist es so eine Sache. Jede Kultur hat ihre eigenen Rauschmittel, die sie akzeptiert und für gesellschaftsfähig erklärt. Bei uns ist das heute neben Nikotin und Koffein vor allem der Alkohol, dessen Genuss nur dann zur Debatte zu stehen scheint, wenn einmal wieder im Fernsehen Jugendliche beim „Flatrate-Saufen" gezeigt werden; vom rein toxikologischen Standpunkt her weniger gefährliche Drogen wie Cannabis werden indes gebrandmarkt. Das Verhältnis der Menschen im Altertum zum Drogenkonsum ist ein weiteres vielfach missverstandenes Kapitel – selbst heute noch gilt es in weiten Teilen der Altertumswissenschaft als anstößig, die Griechen und Römer so darzustellen, als hätten sie ständig irgendwelche (heute durchaus illegalen) Drogen konsumiert. Und doch ist genau das der Fall. Auch die antike Literatur ist voll von Beispielen dafür; allein in Homers Epen gibt es diverse Stellen, die sich ohne viel Aufwand in diese Richtung interpretieren lassen.

Schon in Ägypten als Rauschmittel beliebt: Blauer Lotos (Nymphaea caerulea), hier im Botanischen Garten von Adelaide, Australien

Der eigentliche Skandal, der diesem Kapitel innewohnt, ist die Projektion der Moderne, die weniger unbefangen mit Drogen umgeht – natürlich zu Recht, da wir heute mehr wissen, auch in medizinischer Hinsicht. Zwar beschreibt bereits Theophrast detailliert den Effekt, dass bestimmte Drogen weniger wirksam werden, je öfter man sie nimmt. Und es wird auch hin und wieder dazu gekommen sein, dass jemand an den Giften oder ihren Spätfolgen starb. Allerdings hat der heutige Genuss dessen, was der Amerikaner als *recreational drugs* bezeichnet (eine wirklich passende deutsche Übertragung gibt es dafür nicht), letztlich doch eine andere Funktion: Wie hart das Leben in der Antike war, lässt sich heute kaum mehr ermessen. Trotz aller zivilisatorischen Fortschritte in Rom betrug die Lebenserwartung zur Zeit des Augustus beispielsweise gerade einmal 36 Jahre. Kein Wunder, dass man sich das Leben so leicht wie möglich machen wollte, auch mithilfe von Drogen. Und dabei geht es nicht nur um die Medizin, sondern auch und gerade um den Genuss bewusstseinserweiternder Substanzen.

In vino veritas: Alkohol

Das erste Augenmerk muss dabei dem Alkohol gelten. Die Ägypter waren die Ersten, die einen Vorläufer des Biers brauten, die Germanen stellten aus Honig Met her; vor allem aber soll es an dieser Stelle um den Wein gehen. Bereits vor 5000 v. Chr. baute man in Vorderasien Wein an; heute glaubt man, dass die alten Perser als Erste aus den Trauben Wein herstellten. Der Wein nahm in allen antiken Kulturen eine bedeutende Position ein – so sehr, dass er sogar seine eigenen Götter hatte. Beim griechischen Symposium (wörtlich: „zusammen trinken") spielte der Weinrausch eine zentrale Rolle; daneben brachte man zu verschiedenen Gelegenheiten Trankopfer dar, um die göttlichen Mächte – eben auch mittels Alkohol – gnädig zu stimmen. In Griechenland führte man den Weinbau auf Oineus zurück, einen mythischen König, der zuerst die Berge Ätoliens (nordwestliches der Peloponnes) mit Wein bepflanzte.

Antike Weingötter
Ägypten: Osiris
Babylon: Gilgamesch
Griechenland: Dionysos
Rom: Liber (Bacchus)

Nach Italien kam der Wein über die Etrusker, die in ihre Kultur viele griechische Elemente übernahmen. Dass die Römer Wein mit Gewürzen versahen, mit Honig süßten und gerne als eine Art Glühwein tranken, ist seit Langem bekannt, ebenso, dass man Wein als Erfrischungsgetränk mit Wasser mischte und so genau dosierte, ob man einen Rausch haben wollte bzw. wie groß dieser sein sollte. Nach jüngsten archäologischen Erkenntnissen hat man mit dem Wein jedoch weit mehr angestellt: Neueste Techniken in der chemischen Analyse haben ergeben, dass bereits die Griechen ihren Wein mit allerlei psychoaktiven Substanzen versahen, die den Rausch noch förderten – einige davon werden im Folgenden vorgestellt.

Tollkirsche, Stechapfel & Co.: Atropin

Ruben ging aus zur Zeit der Weizenernte und fand Liebesäpfel auf dem Felde und brachte sie heim seiner Mutter Lea.

Da sprach Rahel zu Lea: „Gib mir von den Liebesäpfeln deines Sohnes einen Teil."

Sie antwortete: „Hast du nicht genug, dass du mir meinen Mann genommen hast, und willst auch die Liebesäpfel meines Sohnes nehmen?"

Rahel sprach: „Wohlan, lass ihn diese Nacht bei dir schlafen um die Liebesäpfel deines Sohnes."

Da nun Jakob des Abends vom Felde kam, ging ihm Lea hinaus entgegen und sprach: „Zu mir sollst du kommen; denn ich habe dich erkauft um die Liebesäpfel meines Sohnes."

Und er schlief die Nacht bei ihr.

(Quelle: 1. Mose 30.14 ff.)

Das Gift vieler Nachtschattengewächse heißt Atropin. Es ist ein giftiges Alkaloid, das in diversen Pflanzen enthalten ist, die schon in der Antike verbreitet waren und im Kult sowie im privaten Gebrauch zur Anwendung kamen, wie Stechapfel (Datura stramonium), Alraune (Mandragora), Engelstrompete (Brugmansia) und Schwarze Tollkirsche (Atropa belladonna). Atropin gehört zugleich zu den gefährlichsten Rauschsubstanzen, denn eine berauschende Wirkung tritt erst bei sehr hohen Konzentrationen ein, die schnell lebensgefährlich werden. Zu seinen körperlichen Auswirkungen gehören eine beschleunigte Herzfrequenz, Spasmolyse und eine Erweiterung der Pupillen. Ist die Dosis hoch genug, kommen optisch-akustische Halluzinationen, Gedächtnisverlust und Desorientiertheit hinzu. Letzteren Effekt machten sich Frauen im alten Rom zu eigen, die sich den Saft der Tollkirsche in die Augen träufelten – große Augen und weite Pupillen galten als Schönheitsideal. Mit ihrem botanischen Namen, Atropa (dem auch das Atropin seinen Namen verdankt), erinnert die Gattung der Tollkirschen nicht zufällig an Atropos, eine der drei Moiren, der griechischen Schicksalsgöttinnen (römisch: „Parzen"): Ihre

Schwestern spinnen den Lebensfaden und messen ihn ab, und Atropos zerschneidet ihn dann – sie ist zuständig dafür, wie ein Mensch ums Leben kommt.

Auch in der Mythologie spielt das Atropin eine Rolle, und zwar im Odysseus-Mythos: Der „betörende Saft" der Zauberin Kirke erhält seine Wirkung höchstwahrscheinlich von Tollkirsche oder Stechapfel, die Medizinmänner und Schamanen schon Tausende Jahre vor unserer Zeitrechnung verwendeten. Dass Odysseus' Gefährten, nachdem sie von diesem Zaubertrank kosten, ihre Heimat vergessen, passt ebenso zur erwähnten Wirkung des Atropin wie die berühmte Szene, in der sie sich in Schweine verwandeln – als Halluzination wäre das hinreichend zu erklären. Außerdem passt dazu das verabreichte Gegengift, das die Gefährten zurückverwandelt – die Pflanze „Moly", die der Beschreibung nach das Schneeglöckchen (*Galanthus nivalis*) sein könnte, das das Alkaloid Galantamin enthält und die anticholinerge Wirkung des Atropin bekämpft.

Auch die Gemeine Alraune (Mandragora officinarum) enthält Atropin. Sie begegnet uns im Alten Testament, im 1. Buch Mose – dort wird sie auf Hebräisch *dudaim* genannt, die lateinische Vulgata nennt sie *mandragora*, und in der Luther-Übersetzung ist tatsächlich von „Liebesäpfeln" die Rede; immerhin sorgt die Pflanze dafür, dass Lea schwanger wird, und auch Aristoteles' Schüler Theophrast bezeichnet die Alraune als Aphrodisiakum. Ansonsten sagte man der Alraune die Eigenschaft nach, prophetische Gaben zu verleihen. Das wussten auch schon die alten Ägypter, die die Alraune anbauten; u. a. im Grab Tutanchamuns hat man Überreste und Zeichnungen gefunden.

Geht auch ohne Tabak: Cannabis

Hanfsamen führen zu Kopfschmerzen und enthalten schlechte Säfte. Dennoch Essen die Leute sie, geröstet und eingebacken in jene Happen, die man nach dem Essen zu sich nimmt, zum Vergnügen, neben dem Weingenuss. Sie führen zu Hitzegefühlen und beeinflussen den Kopf, so dass man, wenn man nur ein paar zu viel gegessen hat, am Kopf eine heiße und medizinisch relevante Ausdünstung erfährt.

(Quelle: Galen, alim. fac. 1.34)

Hanf bzw. Cannabis (Cannabis sativa/indica) stammt ursprünglich aus Asien. Schon die alten Assyrer wussten um die berauschende Wirkung des Hanf und inhalierten entweder den Rauch von verbranntem Marihuana (den getrockneten Blütentrauben und Blättern der weiblichen Cannabispflanze) oder Cannabissamen. Ähnlich frühe Belege für Cannabisnutzung fanden sich für das heutige Rumänien und für China – dass man ausgerechnet bei der Mumie eines nordchinesischen Schamanen Blattfragmente fand, verweist direkt auf die Verwendung von Cannabis zum Erlangen eines Rauschs und Erreichen ekstatischer Zustände, wie sie in vielen frühen Kulten eine Rolle spielten. Das gilt auch bereits für das Altertum auch für Indien und Nepal, wo man Marihuana als *ganjika* bezeichnete; daher stammt der heute noch verwendete Begriff „Ganja“. Obwohl das Römische Reich durchaus Gebiete umfasste, in denen der Konsum von Marihuana verbreitet war (von Alexanders Reich ganz zu schweigen), hielt der Cannabisgenuss doch nie so recht Einzug in Griechenland und Rom. Zumindest wurde der Hanf dort wohl nie, wie heute üblich, geraucht, und auch nur selten verbrannt, um die entstehenden Gase einzuatmen. Um die Zeitenwende herum setzte man Cannabis jedoch in der Medizin ein, u. a. beschreiben Plinius und Dioskurides die äußerliche (!) Anwendung vom Saft der Hanfpflanze gegen schmerzhafte Erkrankungen. Einige Zeit später lässt sich auch der Genuss von sicherlich nicht ganz billigem Cannabiskonfekt in Rom belegen, wie es der römische Arzt Galen beschreibt.

Die ganze Kraft des Mohns: Opium

Um zu testen, wie rein Opium ist, riecht man daran; der Geruch von reinem Opium ist so durchdringend, dass man ihn kaum aushält. Der zweitbeste Test ist, es mittels einer Lampe anzuzünden, dann sollte es mit einer klaren, hellen Flamme brennen und stark riechen, wenn die Flamme wieder gelöscht wird.

(Quelle: Plinius d.Ä., NH 20.76)

Als Opium bezeichnet man einen Stoff, der aus der Flüssigkeit der Kapseln des Schlafmohns (Papaver somniferum) gewonnen wird. Wieder ist der botanische Name Programm: „somniferum" ist das, was Schlaf (*somnus*) und Träume (*somnia*) bringt. Bereits in der späten Steinzeit nutzte man die Eigenschaften des Schlafmohns, und seine Verwendung zieht sich durch alle frühen Hochkulturen bis über Griechenland nach Rom. In einer Episode seiner *Geschichte des Peloponnesischen Kriegs* schildert der Historiker Thukydides, wie erschöpfte Krieger wieder fit gemacht werden, indem man ihnen etwas zu Essen zubereitet – dazu werden Honig, Leinsamen und Mohnkapseln herangebracht. Lange Zeit hat man diese Stelle fehlinterpretiert und die Kapseln der Mohnpflanze in die harmloseren Mohnsamen umgedeutet (wie wir sie vom Mohnbrötchen kennen). Doch selbstverständlich stärkten sich die müden und verwundeten Krieger nicht durch wohlschmeckende Mohnkringel, sondern sie betäubten sich mit Opium. Die Mohnkapsel war auch das Symbol des griechischen Gottes der Träume, Morpheus. In Rom war die Wirkung von Opium gut bekannt, und man gab sogar Kindern davon – als Schlafmittel und wenn sie zu sehr quengelten. Im Jahr 312 n. Chr. ergab eine Steuerschätzung, dass fast 800 Ladengeschäfte in der Stadt Rom Opium verkauften – auf ein Verbot wäre wohl schon deshalb niemand gekommen, weil der Handel signifikante Steuereinnahmen mit sich brachte.

Mal alles vergessen: Blauer Lotos

Aber die Lotophagen beleidigten nicht im Geringsten unsere Freunde; sie gaben den Fremdlingen Lotos zu kosten. Wer nun die Honigsüße der Lotosfrüchte gekostet, dieser dachte nicht mehr an Kundschaft oder an Heimkehr: Sondern sie wollten stets in der Lotophagen Gesellschaft bleiben und Lotos pflücken und ihrer Heimat entsagen.

(Quelle: Homer, Od. 9.72 ff.; Übers. J. H. Voss)

Im 9. Gesang von Homers *Odyssee* landet der Titelheld auf seiner Irrfahrt mit seinen Gefährten auf einer ihnen unbekannten Insel. Odysseus sendet drei seiner Männer als Kundschafter aus, doch sie kehren nicht zurück. Als sie sie endlich gefunden haben, stellt sich heraus, dass die Einheimischen den Männern die Früchte des Lotos zu Essen gegeben haben – dieser hat die Eigenschaft, dass man alle Sorgen vergisst; leider haben die Gefährten dabei aber auch ihren Auftrag vergessen und sogar ihr Zuhause. Mit Gewalt müssen sie ihre Freunde fortschleppen und auf dem Schiff an den Mast binden, damit sie vom Lotos ablassen – das mythische Eiland (wahrscheinlich soll es vor der Küste Nordafrikas liegen) hat man fortan als „Insel der Lotophagen" (wörtlich: „Lotos-Esser") bezeichnet. Natürlich ist hier eine psychoaktive Pflanze gemeint, vielleicht der Blaue Lotos (Nymphaea caerulea), dessen berauschende Wirkung schon die alten Ägypter kannten, wovon Darstellungen der Pflanze gemeinsam mit Alraunen und Schlafmohn zeugen. Eine von der britischen Firma *The Psyche Deli* hergestellte Designerdroge mit dem Namen „Spice", die ab 2006 ein paar Jahre auch auf dem deutschen Markt erhältlich war, enthält neben synthetischen Cannabiswirkstoffen auch getrocknete Blätter des Blauen Lotos.

Geheime Kulte in Rom

Es scheint fast, als hätten die Römer im gleichen Maße, in dem ihr Imperium wuchs und Rom zur Weltmacht aufstieg, im Privaten immer mehr nach spirituellen Erfahrungen gesucht. Dafür spricht der starke Hang der Römer zum Aberglauben, der an vielen Stellen noch bis in die Kaiserzeit belegt ist. Leider war die traditionelle und öffentlich ausgeübte römische Religion für viele Gemüter ein wenig zu nüchtern, und diese Menschen wandten sich Kulten zu, die zumeist im Verborgenen zelebriert wurden – und ab einem bestimmten Punkt sogar geheim bleiben mussten. Die Anhänger dieser Mysterienkulte fanden eine starke, eingeschworene Gemeinschaft im Diesseits – und dazu bestimmte Vorstellungen eines Lebens im Jenseits, die über das hinausgingen, was die offizielle Religion zu bieten hatte. Genau das traf auch auf das frühe Christentum zu und ist einer der Gründe, warum es sich so schnell verbreitete. Für diese Kulte gab es gute Gründe, im Verborgenen zu agieren, denn das, was sich bei den Riten abspielte, hätte in der Öffentlichkeit nicht nur Aufsehen erregt, sondern musste geradezu als skandalös gelten. Man denke alleine daran, wie die Römer reagierten, als sie erfuhren, dass die Christen bei ihrem Ritus das Blut eines Hingerichteten tranken und sein Fleisch aßen. Selbst wenn klar war, dass dies nur symbolisch geschah, so musste es dennoch als barbarisch und unzivilisiert erscheinen, selbst bei einer Bevölkerung, die mit Vorliebe zusah, wie sich Menschen in der Arena gegenseitig umbrachten. Dem Erfolg der Christen tat dies keinen Abbruch. Später, in der mittleren Kaiserzeit, wurden einige Mysterienkulte schließlich sogar öffentlich gefördert, um dem rapide um sich greifenden Christentum Einhalt zu gebieten und die Zuläufer abspenstig zu machen – natürlich vergebens.

Kurze Geschichte der Christenverfolgung

38 n. Chr.	Judentum wird in Italien verboten
49 n. Chr.	Edikt weist Juden und evtl. auch Christen aus Rom aus
64 n. Chr.	Nero macht Christen für Brand Roms verantwortlich (Verfolgung zunächst ein Einzelfall)
112 n. Chr.	Trajan will einzelne Christen nur bestrafen, wenn sie sich dem Kaiserkult verweigern
180er n. Chr.	lokale Verfolgungen außerhalb Roms
202 n. Chr.	Todesstrafe für Bekehrung zum Christentum eingeführt
250 n. Chr.	erste systematische Verfolgung und Hinrichtungen im ganzen Reich
257 n. Chr.	allgemeines Versammlungsverbot für Christen
303–11 n. Chr.	letzte große Verfolgung im Reich, Christentum soll endgültig ausgerottet werden
313 n. Chr.	„Mailänder Vereinbarung" – Religionsfreiheit für Christen
380 n. Chr.	Christentum wird römische Staatsreligion

Der Kybele-Kult

Der Kult der Magna Mater, der „großen Mutter", war einer der ersten Geheimkulte Roms und existierte dort schon im 2. Jahrhundert v. Chr. „Magna Mater" war ein anderer Name für die Göttin Kybele. Seinen Ursprung hatte ihr Kult in Phrygien (im heutigen Anatolien), und der zentrale Mythos des Kults, zumindest in seiner Ausprägung in Rom, dreht sich um den jungen Attis, der sich, von der Göttin zur Raserei getrieben, entmannt – in manchen Versionen des Mythos ist die Göttin unglücklich in den Sterblichen verliebt. Der Dichter Catull hat diese Geschichte in seinem berühmten Gedicht Nr. 63 verewigt; im Kult

> Übers weite Meer war Attis mit raschem Schiff gefahren. Sobald er mit raschem Schritt den phrygischen Wald und den schattigen, bewaldeten Ort der Göttin betrat, wurde er von wilder Raserei gepackt: Geistig verwirrt schnitt er sich mit einem scharfen Stein das Gemächt ab.
>
> *(Quelle: Catull 63)*

wurde sie sozusagen „nachgespielt": Die männlichen Anhänger der Kybele kastrierten sich freiwillig und in aller Öffentlichkeit mit einem geschliffenen Stein. Auch beim wichtigsten Fest des Kybele-Kults im April gab es eine „Entmannung": Ein Stier wurde kastriert und geopfert, und neue Mitglieder wurden mit seinem Blut sozusagen „getauft". Ein weiteres Fest, ebenfalls im Frühjahr, diente dem Gedenken an Attis; die Genitalien eines Stiers wurden in eine Höhle geworfen und drei Tage lang betrauert. Ansonsten pflegten die Kultmitglieder, in der Mehrzahl Frauen aus den unteren Gesellschaftsschichten, sich regelmäßig zu kasteien, während sie wild zu exotischer Musik tanzten. Höchstwahrscheinlich waren dabei auch bewusstseinserweiternde Mittel im Spiel. Dass der Kult schnell in den Ruf geriet, vor allem dem Abfeiern wilder Orgien zu dienen, kann kaum überraschen.

Der Mithras-Kult

Wann der Kult des persischen Lichtgottes Mithras in Rom heimisch wurde, ist unklar. Überhaupt war er einer der geheimsten römischen Kulte, und entsprechend wenig Konkretes ist über ihn bekannt. So sind es weniger Texte, sondern viel mehr Kunstgegenstände wie Reliefs, die uns ein paar Details verraten. Vor allem aus den Provinzen, beispielsweise Britannien und dem Donauraum, haben wir zudem (zugegeben recht späte) Weihinschriften von Anhängern des Mithras, den man in Rom auch *sol invictus*, „die unbesiegbare Sonne", nannte und der das Böse und Dunkle bekämpfte. Sie stammen vor allem von rangniederen Soldaten und sogar von Sklaven, was darauf hindeutete, dass der Kult eine Hierarchie besaß, in der auch sonst gesellschaftlich niedriggestellte Personen einen höheren Rang bekleiden konnten. Den Anhängern verhieß Mithras ein ewiges Leben, auf das man sich durch Absolvieren verschiedener Weihegrade im irdischen Leben vorbereitete, mittels strikter Prüfungen, die sogar lebensgefährlich sein konnten. In moralischer Hinsicht verlangte man von den Kultanhängern, dass sie sich aller profanen Leidenschaften entledigten. Erst im letzten Kapitel der Kaiserzeit scheint der Mithras-Kult auch die oberen Zehntausend für sich eingenommen zu haben, doch da war es auch schon fast wieder mit ihm vorbei. Immerhin deutet einiges darauf hin, dass zahlreiche Details des Kultes um Mithras, von Erzählungen bis hin zu Symbolen, Einzug in die christliche Religion und Mythologie hielten.

Jesus? Nein, Mithras!

Viele Details des Mithras-Mythos erinnern stark an die (wohl spätere) christliche Mythologie – und das ist kein Zufall:

- Mithras wurde von einer Jungfrau geboren.
- Am 25. Dezember feierte man seinen Geburtstag.
- Als Mithras ein Baby war, kamen drei weise Männer aus Persien mit Geschenken: Gold, Myrrhe und Weihrauch.
- Mithras starb am Kreuz, zuvor feierte er ein letztes Abendmahl mit 12 engen Freunden.
- Nach seinem Tod wurde Mithras' Leichnam in ein Felsengrab gelegt.
- Im Frühjahr, zur Zeit der Tag-und-Nacht-Gleiche, fuhr Mithras auf in den Himmel.

Der Bacchanalien-Skandal

[Die Senatoren] haben beschlossen: Es dürfen von nun an niemals mehr als fünf Personen, Männer und Frauen, zusammen ein Ritual abhalten, und es dürfen nicht mehr als zwei Männer oder mehr als drei Frauen zusammen an einem Ritual teilnehmen, ohne dass diesbezüglich vom praetor urbanus oder dem Senat eine Genehmigung erteilt worden ist.

(Quelle: CIL 1.581)

Im Jahr 186 v. Chr. wurden fast 7.000 Anhänger des Bacchus, des offiziellen römischen Gottes von Wein und Sinnenfreude, in Rom verhaftet. Diese Aktion gilt als früheste staatliche Verfolgung einer religiösen Minderheit. Was war geschehen? Letztendlich ging es beim sogenannten Bacchanalien-Skandal für den römischen Senat darum, sich mit aller Macht gegen verderbliche Einflüsse aus dem Ausland zu wehren – Einflüsse, die, so die offizielle Meinung, die römische Kultur unterwanderten und die Jugend verdarben. Die Bacchanalien waren ein von den Griechen übernommenes, alljährlich im März gefeiertes Fest, das sich in Rom im Laufe der Zeit vom Gottesdienst hin zu einer Ansammlung von Orgien mit sexuellen Ausschweifungen gewandelt hatte. Auch hier hatten neben dem Alkohol bewusstseinserweiternde Drogen einen festen Platz. Das Ganze geschah im Rahmen von richtigen Vereinen, mit Satzung, Vorständen und Vereinskasse, was wir daher wissen, dass 186 v. Chr. genau diese Details verboten wurden bzw. ab sofort höchststaatlicher Genehmigung bedurften. Der Senatsbeschluss zu den Bacchanalien erstreckte sich auf jegliche religiösen Riten, zu deren Zweck mehrere Personen zusammenkamen und die nicht im Rahmen der offiziellen (sprich: staatlichen) religiösen Zeremonien stattfanden. Das kam einem Verbot jeglicher privater religiöser Initiativen gleich. Doch „was verboten ist, das macht uns gerade scharf" (Wolf Biermann), und kein Senatsbeschluss konnte verhindern, dass sich im Verborgenen in den folgenden Jahrhunderten in Rom diverse religiöse Strömungen oder Sekten ansiedelten und sich zum Teil übers ganze Imperium ausbreiteten.

Bestechung in Olympia

Im Vorfeld der Schlacht von Salamis 480 v.Chr. schickte der König der Perser, Xerxes, wie es heißt, Spione nach Griechenland, die herausfinden sollten, was die Griechen, die er als seine baldigen Untertanen wähnte, so taten. Als sie zurückkamen, wussten sie zu berichten, dass sich die tüchtigsten Griechen gerade in dem kleinen Ort Olympia aufhielten und dort miteinander wetteiferten. Was der Preis für den Sieger sei? Lediglich ein Ölzweig. Xerxes lachte herzlich über so viel Dummheit, doch sein Neffe runzelte die Stirn und sagte: „Männer, die um einen Ölzweig kämpfen, vor denen muss man sich fürchten." Der Neffe sollte Recht behalten, als Xerxes mit seinem Heer, obgleich zahlenmäßig überlegen, in Salamis unterlag.

Als man die Olympischen Spiele Ende des 19. Jahrhunderts wieder ins Leben rief, versuchte man sich an den aus der Antike überlieferten Werten zu orientieren – oder doch an den Werten, die man auf die Antike projizierte: So nahmen bis 1986 nur Amateure an den Spielen teil, und es ging auch nicht darum, viel Geld zu verdienen – daher sind die Goldmedaillen auch nicht aus Gold. Indes, das Motto der modernen Spiele („Dabeisein ist alles") hätte in der Antike wohl kaum jemand unterschrieben. Zwar kämpfte man nur um einen Ölzweig, doch dieser brachte genau wie heute Ansehen, Ruhm und Ehre – und das vielleicht noch mehr als heute. Und ein Sieg in Olympia war auch ein wirtschaftlicher Faktor, denn fürs Sporttreiben wurde ja niemand bezahlt. Die Athleten gingen ganz normalen Beschäftigungen nach, und wenn sie z. B. ein Gewerbe betrieben, bedeutete ein Olympiasieg viel zusätzliche Kundschaft.

Die Athleten kamen also nach Olympia, um zu gewinnen. Und manchen war dazu jedes Mittel recht. In diesem Zusammenhang fällt einer der frühesten Skandale, die sich um die Spiele ranken. Er ereignete sich im Jahr 388 v. Chr., während der 98. Olympiade. Eupolos war ein Faustkämpfer aus der Region Thessalien im Norden Griechenlands, und wie die meisten Athleten trachtete er nach dem Ruhm und der Ehre des Olympiasiegs. Um sicherzustellen, dass er auch gewann, hatte er Bargeld mitgebracht. Prytanis und Agetor, seinen direkten Konkurrenten im Pankration, der härtesten olympischen Kampfsportart, bot er also Geld

Hinter dem Bogen liegt das Stadion von Olympia, wo die antiken Sportwettkämpfe stattfanden

an, damit sie ihn gewinnen ließen. Und sie nahmen es. Der sicherlich schwierigere Part bestand darin, den Sieger im Faustkampf der letzten Spiele, den aktuellen Titelinhaber sozusagen, aus dem Weg zu räumen. Aber Eupolos' Mittel reichten aus, um auch diesen zu bestechen.

Über den wirtschaftlichen Hintergrund dieser vier Sportler ist nichts bekannt; es kann durchaus sein, dass die drei Konkurrenten von Eupolos so arm waren, dass sie gar nicht anders konnten, als das unmoralische Angebot anzunehmen. Sklaven könne sie nicht gewesen sein, da in Olympia nur freie Bürger antreten durften. Aber reich sein musste man nicht, nur ein guter Sportler.

Man weiß leider auch nicht, wie die ganze Sache schließlich aufflog. Aber dass sie aufflog, ist klar: Schließlich konnte man die Folgen dieser Bestechung noch lange Zeit in Olympia bewundern – Eupolos und die anderen drei mussten nämlich für die Errichtung sechs lebensgroßer Bronzestatuen des Zeus aufkommen. Das Bekanntwerden der Bestechungen war ein unerhörter Skandal, und mit den gestifteten Statuen beruhigte man die

Gemüter der Olympiabesucher wie auch der Götter. Im Sockel von vier der sechs Statuen wurde eine Inschrift angebracht, die den Betrachter ermahnte, dass eine Bestechung wie die, die zur Aufstellung der Statuen geführt habe, nie wieder vorkommen solle – und dass Olympiasiege doch bitteschön mit Körperkraft und Schnelligkeit zu erringen seien, nicht mit Geld. Eine sehr zweckmäßige Art der Bestrafung, die abschreckte und noch dazu hübsch anzuschauen war.

Leider schreckten diese sechs „Zanes" (der Plural von „Zeus") die nachfolgenden Sportlergenerationen jedoch nicht so stark ab, dass dies der letzte Bestechungsskandal der Olympischen Spiele gewesen wäre.

56 Jahre darauf kamen nämlich sechs weitere Statuen hinzu: Ein Athener namens Kallippos hatte seine Konkurrenten bestochen, um im Fünfkampf zu siegen. Leider war dieser Kallippos so arm, dass er die Finanzierung der neuen Zeusstatuen seiner Heimatstadt anlasten musste. Dies verrät uns etwas mehr über die ökonomischen Hintergründe: Offenbar hatte Kallippos genug Geld, um die andere Fünfkämpfer zu bestechen, aber nicht genug, um die Statuen zu bezahlen – das deutet darauf hin, dass er aus einfachen Verhältnissen stammte; das Geld, mit dem er die anderen bestach, hatte er vielleicht lange gespart, oder er setzte sein letztes Hab und Gut dafür ein, Olympia zu gewinnen – dabei gab es ja nichts zu holen außer der Ehre und einem Ölzweig. Es impliziert aber auch, dass seine Kontrahenten nicht gerade wohlhabend waren, denn hier kann es nicht um riesige Summen gegangen sein. Und wenn wir noch einmal an Eupolos denken: Auch in seinem Fall mussten die Überführten natürlich die Statuen bezahlen, aber unter Umständen reichten hier die Mittel des Eupolos und die beschlagnahmten Bestechungsgelder für die Anfertigung der „Zanes" aus.

Später kamen noch zwei Standbilder dazu, aber dort weiß man nicht genau, wann oder warum. Es war auf jeden Fall vor 12 v. Chr., als die 192. Olympischen Spiele abgehalten wurden – denn dort gab es noch einmal einen Bestechungsskandal. Damonikos aus Elis, der Vater eines Ringers namens Polyktor, bestach den Vater von dessen Kontrahent Sosandros, damit Polyktor Sosandros im Kampf besiegen würde. Auch bei diesen ist überliefert, dass sie Statuen spenden mussten – diese wurden allerdings an einem anderen Ort aufgestellt. Erst weitere 136 Jahre später kamen an Ort und Stelle noch zwei weitere „Zanes" hinzu, nachdem bekannt wurde, dass sich zwei Faustkämpfer, Deidas und Sarapammon, im Vorfeld ihres Kampfes darauf geeinigt hatten, wer gewinnen würde – natürlich gegen ein hübsches Sümmchen. Wie viele Akte der Bestechung wohl unentdeckt blieben? Darüber gibt es nicht einmal eine Dunkelziffer.

Heute stehen nur noch die Sockel der Bronzestatuen. Ohnehin sind aus der Antike kaum Statuen aus Metall erhalten; in Olympia kann man heute noch beobachten, wie der Bedarf an Metall den Hinterlassenschaften der Antike mitgespielt hat: Noch im Ersten Weltkrieg entfernte man die Metallkerne vieler Tempelsäulen, um Kanonenkugeln daraus zu gießen.

Wenn man vom Metroon aus den Weg zum Stadion hinaufgeht, findet man links am Fuß des Berges Kronion direkt am Hang eine Steinmauer mit Stufen, die hinaufführen. An dieser stützenden Mauer stehen Bronzestatuen des Zeus. Hergestellt wurden sie aus Strafgeld, das Athleten zahlen mussten, die sich gegen den Wettkampf versündigt hatten; die dort Wohnenden nennen sie „Zanes". Die erste dieser Statuen wurden im Rahmen der 98. Olympischen Spiele aufgestellt: Da bestach nämlich ein gewisser Eupolos aus Theassalien die angereisten Faustkämpfer Agetor aus Arkadien, Prytanis aus Kyzikene und Phormion aus Halikarnass mit Geld; Letzterer hatte bei den vorangegangenen Olympischen Spielen gesiegt. Es heißt, dass dies das erste Mal war, dass ein solches Vergehen von Athleten gegen die heiligen Spiele geschah; dem Eupolos und denen, die von ihm Geldgeschenke angenommen hatten, wurden von den Eleern Geldstrafen auferlegt.

(Quelle: Pausanias 5.21.1 f.)

Eine Frau siegt in Olympia

Frauen war es verboten, bei den Olympischen Spielen an den Wettkämpfen teilzunehmen. Das galt sogar noch 1896, als die ersten Spiele der Neuzeit stattfanden. In der Antike ging das Verbot allerdings noch weiter, hier durften sie nicht einmal zuschauen. Abgesehen davon, welch niedrige Stellung den Frauen in der griechischen Gesellschaft zugedacht war, mag dies auch damit zusammengehangen haben, dass Sport selbstverständlich nackt getrieben wurde (immerhin kommt Gymnastik von *gýmnos* = „nackt"). Dennoch gab es die paradoxe Situation, dass Frauen, auch wenn sie gar nicht teilnehmen durften, Olympiasiegerinnen wurden: Zu den Spielen gehörten auch Pferderennen, und bei diesen wurde nicht etwa der siegreiche Wagenlenker ausgezeichnet, sondern der Rennstallbesitzer. Und manchmal gehörten die Pferde einer Frau – frühestes und prominentestes Beispiel war Kyniska, die Tochter des spartanischen Königs. Sie gewann zweimal mit ihrem Viergespann: 396 und 392 v. Chr. Zum Dank für die Götter ließ sie im Zeustempel eine bronzene Plastik aufstellen. Ihre Inschrift lautete:

Spartas Könige sind meine
Väter und Brüder; zu Wagen mit stürmenden Pferden,
siegte ich, Kyniska, und ich habe dieses Bild aufgestellt: Als einzige
der Frauen von ganz Griechenland, sage ich, habe ich den Kranz empfangen.

Ein Dichter wird mundtot gemacht

Im Jahr 8 n. Chr. war Ovid fast mit seinem Manuskript der *Metamorphosen* fertig, an dem er jahrelang gearbeitet hatte. Es war sein umfangreichstes Werk, und es würde dafür sorgen, dass sein Name bis in alle Ewigkeit fortbestehen würde. Die kunstvoll aneinandergereihte Sammlung von Mythen, in denen Verwandlungen geschehen, umfasst rund 12.000 Verse. Es gibt kaum ein Werk der Renaissancemalerei mit Mythenbezug, dem nicht die *Metamorphosen* als Grundlage gedient hätten, und auch heute noch gehört das Epos zu den meistgelesenen antiken Werken – nicht nur im Lateinunterricht.

Doch dass die *Metamorphosen* überhaupt erschienen, ist alles andere als selbstverständlich, bedenkt man, dass der Dichter, noch bevor er das Werk beendete, von Kaiser Augustus für den Rest seines Lebens ins Exil geschickt wurde – ohne Gerichtsverhandlung, ohne Senatsbeschluss. Ovid befand sich gerade auf der Insel Elba, als er davon erfuhr, und die Nachricht muss ihn ziemlich unvorbereitet getroffen haben. Er war alles andere als ein Systemkritiker; in den *Metamorphosen* gibt es Passagen, die Augustus geradezu verherrlichen.

Zwar war die Art seines Exils von minder schwerer Art: Im schlimmsten Fall konnte ein römischer Bürger im Falle einer Verbannung für vogelfrei erklärt werden, er verlor sein Bürgerrecht, und sein gesamtes Vermögen wurde eingezogen. Insofern hatte Ovid noch Glück. Aber als er davon hörte, an welchen Ort er zu emigrieren gezwungen war, muss ihm das genauso schlimm vorgekommen sein: Tomi am Schwarzen Meer, im heutigen Rumänien, war für einen Römer buchstäblich das Ende der Welt. Eine Gegend, in der Barbaren lebten, mit kalten Wintern und ohne nennenswerte Zivilisation.

Bis heute rätselt die Wissenschaft, was der genaue Grund dafür war, dass Ovid ins Exil gehen musste. Er selbst gibt immerhin einen kleinen Hinweis darauf, in seinem im Exil verfassten Werk *Tristien*: „*carmen et error*", ein

> „Der Schiffbrüchige hat auch Angst, wenn das Meer ruhig ist."
> *Ovid*

Gedicht und ein Fehler, seien ihm zum Verhängnis geworden (Tr. 2.207). Im Allgemeinen neigt man zur Ansicht, dass das „Gedicht" Ovids *Liebes-*

kunst war. In diesem Werk, 1 v. Chr. veröffentlicht, klärt der Dichter den Leser in Form eines Lehrgedichts u. a. darüber auf, wo man die hübschesten Mädchen kennenlernen kann, wie man sich am besten an sie heranmacht und welche Stellungen beim Sex mit welcher Frau am besten funktionieren.

Um zu erklären, wie er damit so in Ungnade fallen konnte, muss man etwas weiter ausholen. Augustus (bzw. Gaius Octavius, wie er eigentlich hieß) war wortwörtlich über Leichen gegangen, um sich die Alleinherrschaft über das römische Imperium zu sichern. Er war der Alleinerbe Caesars, auch in politischer Hinsicht, und als er alle Konkurrenz aus dem Weg geräumt hatte, wurde ihm, dem neuen *princeps*, dem ersten Mann im Staat, im Jahre 29 v. Chr. vom Senat der Ehrentitel Augustus („der Erhabene") verliehen – die Geburtsstunde des römischen Kaiserreichs. Was man Augustus zugutehalten muss, ist, dass er dem Römischen Reich nach langen Jahrzehnten des Bürgerkriegs einen dauerhaften Frieden brachte. Allerdings hatte dieser Frieden auch eine Kehrseite: Augustus ordnete eine Rückbesinnung auf die *mores maiorum* an, die althergebrachten „Sitten der Vorfahren" – so wollte er dafür sorgen, dass auch in der Gesellschaft, zumal in der Oberschicht, nicht nur Ruhe herrschte, sondern auch Zucht und Ordnung. Am deutlichsten zeigten dies seine *leges Iuliae*, Sittengesetze, in denen u. a. der Ehebruch kriminalisiert wurde. Zudem musste nun jeder Römer heiraten, und bis sie 20 Jahre alt war, sollte jede Römerin ein Kind zur Welt gebracht haben. Es ist ein regelrechter Kreuzzug im Namen der Moral. Vor diesem Hintergrund dürfte nur allzu klar sein, dass Ovids *Liebeskunst* dem Kaiser ein Dorn im Auge war.

Steckbrief: OVID
Name: Publius Ovidius Naso
Daten: 43 v. Chr. – ca. 17 n. Chr.
Beruf: Dichter
Genres: Epos, Elegie, Lehrgedicht
Wichtigste Werke:
– Amores (Liebesgedichte)
– Ars amatoria (Liebeskunst)
– Metamorphoses (Metamorphosen)

So weit das *carmen* – was der *error* war, darüber kann man nur spekulieren. Aber eines ist klar: Es muss ein handfester Skandal gewesen sein. Sechs Jahre zuvor hatte Augustus Julia, seine eigene Tochter aus erster Ehe, auf die einsame Insel Pandateria verbannt. Ein im Grunde unerhörter und beispielloser Vorgang. Auch im Falle Julias ist der Grund für den Skandal, der den Vater dazu veranlasste, seine Tochter zu verstoßen, unklar. Doch immerhin gibt es hier eine plausible Theorie: Es scheint, als sei die eigensinnige Julia an einer Verschwörung beteiligt gewesen, die die Republik wiederherstellen sollte. Auch 30 Jahre nach Augustus' Amtsantritt ließen sich die Stimmen nicht ganz unterdrücken, die sich gegen Augustus' königsgleiche Herrschaft aussprachen und gegen den weitgehenden Machtverlust des römischen Senats, den es zwar immer noch gab, der aber kaum mehr durfte als die Launen des Kaisers abzunicken. Schon um 23 v. Chr. gab es eine Verschwörung gegen Augustus. Damals waren nach der Entdeckung des Putsches alle Verschwörer hingerichtet worden. Und nun, um 1 n. Chr., scheint es einen neuen Putschversuch gegeben zu haben, vielleicht unter der Ägide von Jullus Antonius, dem Sohn von Marcus Antonius, dem altem Erzrivalen des *princeps*, und es sieht so aus, als sei Julia daran beteiligt gewesen. Ohne Gerichts- oder Senatsbeschluss schickte Augustus seine Tochter in die Verbannung. Offiziell jedoch wird die Verschwörung totgeschwiegen; was Sueton später über Julias Verbannung schreibt, entspricht sicherlich eher den offiziellen Verlautbarungen des Herrscherhauses als der Wirklichkeit: Offiziell nämlich heißt es, Julia seien ihre „Liebschaften und Ehebrüche" (Suet., Tib. 11.4) zum Verhängnis geworden.

Und Ovid? Ein *error* kann vieles sein; wir wissen jedoch, dass im selben Jahr noch eine weitere Person Rom für immer verlassen musste: Vipsania Julia Agrippina, Augustus' Enkelin, die Tochter seiner Tochter Julia. Offiziell war auch hier der Lebensstil der Frau ausschlaggebend: Vipsania Julia war mit Claudius (dem späteren Kaiser) verlobt, hatte aber angeblich eine Affäre mit einem Mann namens Decimus Silanus. Dennoch ist ziemlich auffällig, dass sie die Strafe im gleichen Jahr ereilte wie Ovid. Hatten vielleicht Ovid und Vipsania Julia ein außereheliches Verhältnis, und Augustus erfand eine etwas standesgemäßere Affäre für sie als mit dem „schlüpfrigen" Dichter? Immerhin war Decimus Silanus Mitglied einer höchst angesehenen Familie. Natürlich kann es auch sein, dass der Dichter Helfershelfer war, den Liebenden zum Beispiel sein Haus zur Verfügung stellte (immerhin war ihm, an seiner Dichtung gemessen, „nichts Menschliches fremd"), oder er war einfach nur Mitwisser.

Und doch bleibt hier wie auch im Falle von Julia eine Frage offen: Wenn es nur um Affären und Ehebruch ging, warum wurden die beiden Frauen (von Ovid ganz zu schweigen) dann nicht ganz normal vor Gericht gestellt, sondern ohne offiziellen Beschluss, ganz sang- und klanglos abgeschoben? Immerhin stand so ziemlich alles, was Sex betraf und nicht dem Zweck der Fortpflanzung innerhalb einer Ehe diente, dank der *leges Iuliae* unter Strafe.

War der Skandal, den Ovid mit *error* bezeichnet, doch ein politischer, eine erneute Verschwörung? Wir wissen es nicht. *„Ingenio perii"* schreibt Ovid in seinen *Tristien*, „ich bin an meiner Begabung zugrundegegangen" (Tr. 3.3.74) – dies deutet wieder darauf hin, dass seine Dichtung den ausschlaggebenden Grund fürs Exil bot. Aber hier könnte er eigentlich nur die *Liebeskunst* meinen, und die war zum Zeitpunkt seiner Verbannung bereits sieben Jahre alt. Es sei denn, es ging Ovid allgemein um die Freiheit, als Dichter das dichten zu dürfen, was er wollte, und nicht das, was dem Kaiser gefiel. Das könnte Grund genug für ihn gewesen sein, sich an einer politischen Verschwörung zu beteiligen.

Wie dem auch sei: Der Skandal, den es sicherlich gab, wurde so gut vertuscht, dass wir heute nichts Genaues mehr über ihn wissen. Kritische zeitgenössische Stimmen in der Geschichtsschreibung, wenn es solche unter Augustus überhaupt noch gab, haben nicht bis in die Neuzeit überlebt. Anders als Ovids *Metamorphosen*, die dieser im Exil vollendete und die in Rom ein großer Erfolg wurden.

Ovid war der rechte Mann, die tiefsinnigsten Betrachtungen über den Wechsel des Glücks anzustellen. Zu den wilden, in Felle gehüllten Skythen des Schwarzen Meeres wurde er aus der glänzenden Kulturwelt Roms verschlagen. Wie oft mag er nicht dort an diese Berge und Täler seiner Vaterstadt hier und an die Spiele seiner Jugendzeit am Fuße des Majella sehnsuchtsvoll zurückgedacht haben!

(Quelle: Ferdinand Gregorovius: Wanderjahre in Italien, München 1967, S. 400)

Ovids Verbannung in der Literatur

Charles Baudelaire: *Der Schwan* (1901)

Ich denke dein, Andromache! Der Bach
Der trübe seichte Spiegel welcher einst
Dich aufnahm und dein hohes Ungemach
Simois, der nur strömte wenn du weinst

Ist plötzlich in mein Sinnen eingedrungen
Beim Gange übers Neue Carrousel.
Die Altstadt ist dahin – wenn Neuerungen
Uns wandeln sinken Städte doppelt schnell.

Ich sehe jenen Platz mit den Baracken
Den Torsi und Pilastern noch im Geist
Wo zwischen Blöcken und bemoosten Schlacken
Ein feiler Trödel in den Fenstern gleißt.

Dort war ein Tierpark aufgebaut gewesen
Wo einst im frühen Froste wenn im Freien
Die Tagfron aufsteht und ein Heer von Besen
Die Schwärze des Orkans der Luft verleihen

Vor seinem Käfig einen Schwan ich fand
Der seinen Schwimmfuß übers Pflaster zog
Und seinen weißen Fittich durch den Sand;
Als dann der trockne Bach den Durstigen trog

Wälzt er im Staub sein zuckendes Gefieder
Und sprach erfüllt vom Bild der Heimatseen:
»Wann wirst du fallen, Naß? Wann, Blitz, fährst du hernieder?«
Ich sah den Armen – mythisches Geschehn –

Gen Himmel oft wie bei Ovidius der Verbannte
Gen Himmel dessen Bläue grausam loht
Den Kopf so recken daß sein Hals sich spannte
Als sende seinen Vorwurf er zu Gott.

(Quelle: Charles Baudelaire, Sämtliche Werke, Band 4,
München 1975, S. 267; Übertragung: Walter Benjamin)

Christoph Ransmayr: *Die letzte Welt* (1988)

Der Römer Cotta kommt nach Tomi am Schwarzen Meer, um seinen
Freund Naso zu finden – oder eine Abschrift seiner verschollenen *Metamorphosen*. Nachdem der Dichter unter der Herrschaft des Augustus vor
Jahren verbannt worden war, erzählte man sich auf einmal in Rom, er
sei im Exil gestorben. Die „eiserne Stadt", wie Tomi aufgrund seines
erzverarbeitenden Gewerbes genannt wird, begegnet Cotta zunächst mit
kaltem Schweigen, was den Verbannten betrifft. In dessen abgelegenen
Haus im Gebirge trifft er nur Nasos verrückten Diener Pythagoras. Cotta
gerät in Tomi, das das Ende eines zweijährigen Winters feiert, in ein
unentwirrbar scheinendes Dickicht rätselhafter Geschehnisse, unter
denen sich die Stadt verändert und mehr und mehr den erosiven Kräften
der Natur anheimfällt; Menschen verwandeln sich in Steine, in Vögel
oder verschwinden, und aus einem Wochen währenden Dunst über Tomi
erhebt sich ein neuer Berg. Die von Pythagoras mit den Namen von Menschen, Tieren und Pflanzen beschrifteten Lumpen, die Cotta aus Nasos
Haus mitgebracht hat, fügen sich allmählich zusammen, in einem diffu-
sen, zyklischen Prinzip. Schließlich gibt es nur noch ein einziges Schicksal, das mit diesem unaufhaltsamen Kreislauf verschmelzen muss: Cottas
eigenes. Ransmayrs Roman würfelt verschiedene Zeitebenen sowie Antike
und Moderne durcheinander und nimmt den Leser mit auf die Reise
durch eine Welt, in der Ovids *Metamorphosen* Wirklichkeit geworden sind
– ein postmodernes Meisterwerk.

Ovids Grabspruch – von ihm selbst verfasst

Hic ego qui iaceo tenerorum lusor amorum
  ingenio perii, Naso poeta, meo.
At tibi qui transis, ne sit grave quisquis amasti,
  dicere: Nasonis molliter ossa cubent.

Hier liege ich, der Urheber zärtlicher Liebesspielereien,
  an meiner Begabung zugrunde gegangen, Naso, der Dichter.
Aber dir, der du vorbeigehst, sollte es, hast du je geliebt, nicht
  schwerfallen zu sagen: Mögen die Knochen des Naso weich ruhen.

(Quelle: Ovid, Tr. 3.3.73 ff.)

Berühmte Exilanten der Antike

Name	Warum?	Wohin?	Wie lange?
Cicero, Politiker	Auflehnung gegen Caesar	Dyracchium und Nordgriechenland	1 Jahr
Aristeides von Athen, Politiker	Auflehnung gegen Themistokles	Ägina	2 Jahre
Kritias, Politiker	Tyrannei	Thessalien	3 Jahre
Seneca d. J., Philosoph	Ehebruch	Korsika	8 Jahre
Ovid, Dichter	„ein Gedicht und ein Fehler"	Tomi	8 Jahre
Kimon, Politiker	Nähe zu Sparta	Sparta (?)	10 Jahre
Julia, Kaisertochter	Verschwörung (?)	Pandateria und Rhegium	12 Jahre
Themistokles, Politiker	militärische Fehler	Persien	12 Jahre
Gaius Verres, Politiker	Bestechlichkeit	Massilia	27 Jahre

Pornos in Pompeji

Als man im 18. Jahrhundert begann, das einst vom Ascheregen des Vesuv verschüttete Pompeji auszugraben, waren die Ausgräber begeistert davon, wie gut erhalten die antike Stadt war. Weniger begeistert waren sie von den zahlreichen Beispielen obszöner Wandmalereien und Plastiken. Natürlich mussten auch sie konserviert werden, aber schon 1821 verschwanden sie hinter verschlossenen Türen im *Gabinetto Segreto*, dem „geheimen Kabinett" des Archäologischen Nationalmuseums von Neapel, dessen Tür sogar lange Zeit zugemauert war. Erst seit dem Jahr 2000 sind sie wieder allgemein zugänglich – ein schönes Beispiel dafür, wie sich die Zeiten ändern, allerdings auch, wie lange das dauert. Was man nicht entfernen konnte, wurde an Ort und Stelle mit Metallkästen verdeckt, die noch bis in die 1960er Jahre die unzüchtigen Szenen versteckten; manches bedeckte man sogar mit einer Schicht aus Gips, wie eine Priapus-Darstellung, die zu Erstaunen der Archäologen im Jahr 1998 durch Regen freigelegt wurde.

Eines der drastischsten Stücke aus Pompeji ist eine bildhauerische Darstellung eines Pans, der es mit einem Ziegenbock treibt. Die meisten erotischen Szenen aber sind auf Wände gemalt und zeigen Menschen bei diversen sexuellen Praktiken. Kein Wunder, dass sie sich in großer Zahl in einem Bordell finden: Darüber, ob diese Bilder allerdings der Werbung für die hier arbeitenden Frauen dienten oder zur Stimulierung der Freier gedacht waren, streitet sich die Forschung. Neben bildlichen Darstellungen gibt es in Pompeji übrigens auch eine ganze Reihe Graffiti mit obszönem Inhalt. Viele davon sind Hinweise darauf, wo man ein Bordell findet bzw. wer sich zu welchem Preis für welche sexuelle Dienstleistung zur Verfügung stellt (s. u.).

Die Allgegenwart der erotischen Bilder, Kritzeleien und Kunst hat schon zur Zeit ihrer Entdeckung für Spekulationen darüber gesorgt, wie die alten Römer (und der Antike allgemein) mit der Sexualität umgingen. Bis Ende des 20. Jahrhunderts galt all dies als skandalös, ja gar als pornographisch. Für die Bewohner Pompejis war es ganz alltäglich, denn offenbar machte niemand Anstalten, solche Bilder (die ja nicht nur in Bordellen hingen) oder Graffiti zu entfernen. Auch in einer der Thermen

Eine der zahlreichen expliziten Wandmalereien in Pompeji, diese stammt aus einem der dortigen Bordelle, ca. 60 n. Chr.

von Pompeji hat man unverblümte Bilder mit Beischlafszenen gefunden, in einem Umkleideraum. Natürlich war man auch hier schnell mit der Deutung bei der Hand, dass sich im Obergeschoss ein Bordell befand und es sich wieder um Werbeanzeigen handelte. Dabei ist ebenso vorstellbar, dass dieser Wandschmuck einfach nur der Zierde diente und ein lustvolles Lebensgefühl vermitteln sollte. Pornographisch, also rein zum Zwecke der Erregung sexueller Lust angefertigt, sind diese Bilder sicher nicht.

Andererseits gibt es zahlreiche Darstellungen, die zumindest auch eine religiöse Komponente gehabt haben mögen: Der bereits erwähnte Priapus war ein göttliches Symbol der Fruchtbarkeit. Und man fand ihn mit seinem großen erigierten Phallus sogar in einem Haus wie dem der wohlhabenden pompejanischen Kaufmannsfamilie der Vettier, als aufwendiges Fresko, nicht etwa versteckt in einer Ecke im Schlafzimmer, sondern direkt im Eingangsbereich. Vielleicht kann und sollte gerade uns, die wir bald zwei Jahrtausende christlicher Prägung hinter uns haben, so ein Priapus daran erinnern, dass Religion und sinnliche Lust einander nicht ausschließen müssen.

„Gute Manieren": Graffiti aus Pompeji

SVM TVA
AERE
Ich bin dein für ein Kupferstück

CIL IV, 5372

*

SIQVI HIS SEDERIT
LEGAT HOC ANTE OMNIA
SIQVI FVTVERE VOLET
ATTICEN QVAERAT A XVI
Wer sich hier hinsetzen will, sollte erst einmal das hier lesen: Wer ficken
will, frage nach Attike, die kostet 16 Asse.

CIL IV, 1751

*

HIC EGO PVELLAS MVLTAS FVTVI
Hier habe ich viele Mädchen gefickt

CIL IV, 2175

*

ARPHOCRAS HIC CVM DRAVCA
BENE FVTVIT DENARIO
Arphocras hat hier mit Drauca gut gefickt, für einen Denar

CIL IV 2193

*

MARITIMVS CVNNV LINGET A IIII VIRGINES AMMITTIT
Maritimus leckt dir die Möse für 4 Asse, Jungfrauen willkommen

CIL IV, 8940

*

MENANDER
BELLIS MORIBVS
AERIS ASS II
Menander, gute Manieren, kostet 2 Asse

CIL IV, 4150

*

M POLLIS PVDES FVTVIT CRATIS SI AMABIT GEM
Marcus Pollius Pudens fickt hier gratis, wenn er es mit Gemella treiben will.

CIL IV, 10194a

*

LVCILIA EX CORPORE LVCRVM FACIEBAT
Lucilia hat mit ihrem Körper ein Vermögen gemacht

CIL IV, 1948

*

COSMVS EQVITIAES
MAGNVS CINAE
DVS ET FELLATOR
EST SVRIS APER
TIS
Cosmus, der Sklave von Equitia, ist eine Riesenschwuchtel und bläst Schwänze mit geöffneten Schenkeln.

CIL IV, 5408

*

FELIX FELAT AS I
Felix bläst für ein As

CIL IV, 5408

Sandalenfilme = Skandalfilme

Historische Stoffe gehörten zu den ersten großen Erfolgen des Kinos. Schon zur Stummfilmzeit brachen solche Filme alle Rekorde – wie *Ben Hur*, der 1925 mit einem Rekordbudget von fast 4 Millionen Dollar gedreht wurde, *König der Könige* von 1927, mit zwei der ersten Technicolor-Szenen überhaupt, oder Fritz Langs fünf Stunden lange *Nibelungen*, 1924 *der* Publikumsrenner in Deutschland. Grandiose Ausstattung, riesige Kulissen, die unfassbare Zahl an Komparsen (in einer Szene in *Cleopatra* sind 10.000 Komparsen zu sehen) – all das brachte diesem Genre den Namen „Monumentalfilm" ein. Später kam dann speziell für Filme, die in der Antike spielten, der oft etwas despektierlich gebrauchte Begriff „Sandalenfilm" auf. Vor allem in den späten 50er und in den 60er Jahren waren diese Filme populär, und neben Vertretern, die dem Monumentalfilm angehörten, wie *Quo Vadis* oder *Spartacus* gab es immer mehr B-Movies, die sich bei Stoffen aus Geschichte und Mythologie bedienten. Dass es dabei zu manchem veritablem Skandal kam, lag einerseits an einer übersteigerten Fantasie von Filmemachern, die das alte Rom als Setting zum Vorwand nahmen, um in expliziter Weise Sex und/oder Gewalt darzustellen, andererseits an dem ebenfalls zu beobachtenden Anspruch, besonders genau und historisch korrekt zu arbeiten, was gerade bei biblischen Stoffen die Gemüter erregte. Auch wenn heute andere Maßstäbe gelten, war doch einer der letzten großen Kinoskandale bezeichnenderweise auch ein Sandalenfilm: Mel Gibsons geschmackloses Machwerk *Die Passion Christi* von 2004, das, obwohl sicherlich gut gemeint, wenig mehr als ein Gewalt-Porno hinter der Fassade historischer (Pseudo-)Authentizität ist. Ähnlich umstritten waren die folgenden Filme zu ihrer Zeit:

Stanley Kubrick: *Spartacus* (Italien 1960)

Kubricks großartiger *Spartacus* enthielt in seiner ursprünglichen Schnittfassung eine Szene, die die Gemüter der Zensoren einfach erregen musste: General Crassus (gespielt von Laurence Olivier) liegt in seiner Villa in einer im Boden eingelassenen Badewanne und bittet seinen Sklaven Antoninus (Tony Curtis), ebenfalls nur mit knappen Shorts bekleidet, zu ihm ins Wasser zu kommen. Während er sich von Antoninus den Rücken waschen und sich massieren lässt, fragte er ihn unverhohlen über seine sexuellen Vorlieben aus. Nun, ganz „unverhohlen" ging das 1960 natürlich nicht; Crassus fragt seinen Sklaven, ob er Austern und ob er Schnecken esse und ob es eine Frage der Moral sei, das eine dem anderen vorzuziehen. Natürlich nicht: Es ist nur eine Frage des Geschmacks. Antoninus sagt, er esse nur Austern, Crassus mag beides.

Crassus: Do you eat oysters?
Antoninus: When I have them, master.
Crassus: Do you eat snails?
Antoninus: No, master.
Crassus: Do you consider the eating of oysters to be moral and the eating
  of snails to be immoral?
Antoninus: No, master.
Crassus: Of course not. It is all a matter of taste, isn't it?
Antoninus: Yes, master.
Crassus: And taste is not the same as appetite, and therefore not a question of morals.
Antoninus: It could be argued so, master.
Crassus: My robe, Antoninus. My taste includes both snails and oysters.

Selbstverständlich geht es hier nicht ums Essen, sondern um Sex – offensichtlich will Crassus seinen Sklaven verführen. Die Aussage, es sei nur eine Frage des Geschmacks, ob man lieber mit Frauen oder Männern oder beiden schlafe, ist ganz in Einklang mit der römischen Sexualmoral, die Homosexualität als Kategorie nicht kannte (s. S. 16), auch wenn die Frage der „Moral" eher einen anachronistischen Zug hat – genau wie die Shorts freilich: die Römer hatten keine Unterhosen. Doch hätte Kubrick diese weggelassen, hätte er die Szene natürlich gar nicht erst zu drehen brauchen. Allerdings verstand man die Anspielungen in Hollywood sehr wohl, und so musste das Studio die entsprechende Szene herausschneiden. Immerhin galt bis 1967 noch offiziell der Hays Code, der die Darstellung von „Obszönität" und „Vulgärem" verbat. Erst Anfang der 1990er Jahre restaurierte man den Film und baute die inzwischen berühmte „Schnecken"-Szene wieder ein. Leider war der Ton so schlecht, dass man sie übersynchronisieren musste; und da Laurence Olivier bereits tot war, musste man sich der Stimme eines anderen Schauspielers bedienen. Die Wahl fiel auf Anthony Hopkins, der seinerseits gerade als Hannibal Lecter im Kino zu sehen war, was dem Vergleich menschlicher Körperteile mit Lebensmitteln wiederum eine ganz andere Note verleiht.

Federico Fellini: *Fellinis Satyricon* (Italien 1969)

Ein Film, der nach Erscheinen in den USA als „a really bad, a terrible movie" (New Yorker) und „the most profoundly homosexual movie in all history" (Filmkritiker Parker Tyler) bezeichnet, zuvor aber beim Filmfestival von Venedig mit Standing Ovations gefeiert wurde? *Fellinis Satyricon*, locker angelehnt an Petrons Roman aus dem 1. Jahrhundert n. Chr., erhitzte die Gemüter vor allem jenseits des großen Teichs. Fellini selbst bezeichnete seinen Film als „Science-Fiction der Vergangenheit", und das, was er zeigt, ist auch weniger dazu geeignet, einen Eindruck vom tatsächlichen Leben im alten Rom zu bekommen; viele (vor allem hässliche) Details sind stimmig, aber im Großen und Ganzen überzeichnet er „sein" Rom und macht daraus eine grelle Karikatur mit viel Gewalt, Perversion und Sex, auf eine Art und Weise, die zumeist abstoßend wirkt. Wie Fellinis Biograf Tullio Kezich es treffend beschreibt: „Alles scheint darauf ausgerichtet, dass sich der Betrachter unwohl fühlt." Um es sich mit den Amerikanern ganz zu verderben, zeigte Fellini dabei eine schwule Hochzeit, einen „flotten Dreier" mit homosexueller Komponente und ein transsexuelles Orakel. Zudem werden wir Zeuge, wie Hinterbliebene eine Leiche verspeisen, um an die Erbschaft zu gelangen. Als italienischer Beitrag in der Sparte „Bester ausländischer Film" bei den Oscars wurde *Satyricon* nicht akzeptiert.

Tinto Brass u. a.: *Caligula – Aufstieg und Fall eines Tyrannen* (Italien 1979)

Eine ganze Reihe Kinostars und großartiger Schauspieler ist in *Caligula* zu sehen – von John Gielgud über Peter O'Toole bis zu Helen Mirren. So berüchtigt der reale Caligula als grausamer Psychopath auf dem römischen Kaiserthron war, so skandalös war der Film über sein Leben, der zunächst von Tinto Brass gedreht und später durch Szenen u. a. vom Penthouse-Gründer Bob Guccione ergänzt wurde. Natürlich ging es wieder einmal um Sex und Gewalt: Unter Caligula wird der römische Kaiserhof zum Ort perverser Orgien, grausamer Rituale, von Dekadenz und Unmoral, Zwangsprostitution und unvorstellbarer Grausamkeiten seitens des nahezu wahnsinnigen Kaisers (Malcolm McDowell, *Uhrwerk Orange*). In Deutschland wurde der Film durch die Bundesprüfstelle für jugendgefährdende Medien indiziert. Tatsächlich gab es in der Originalfassung des Films Hardcore-pornographische Szenen; entsprechend gab und gibt es inzwischen rund ein Dutzend Schnittfassungen, von der kurzzeitig in US-Kinos gezeigten Version (156 Minuten) bis zur Fassung, die das weniger restriktive „R-Rating" erhielt (nur noch 105 Minuten). Man muss jedoch, bei aller Kritik an der Zensur, zugeben, dass der Film auch handwerklich und vom Skript her ziemlich dilettantisch daherkommt und man sich tatsächlich fragt, was diese Schauspieler in einem solchen Film verloren haben. Übrigens ist *Caligula* einer von nur drei Filmen, bei denen der amerikanische Filmkritiker-Papst Roger Ebert jemals vorzeitig das Kino verlassen hat – neben *Tru Loved* und *Die Möwe Jonathan*.

Aus der Kritik des US-Kritikerpapstes Roger Ebert:

„Caligula" is sickening, utterly worthless, shameful trash. If it is not the worst film I have ever seen, that makes it all the more shameful: People with talent allowed themselves to participate in this travesty. Disgusted and unspeakably depressed, I walked out of the film after two hours of its 170-minute length. That was on Saturday night, as a line of hundreds of people stretched down Lincoln Ave., waiting to pay $7.50 apiece to become

eyewitnesses to shame. I wanted to tell them … what did I want to tell them? What I'm telling you now. That this film is not only garbage on an artistic level, but that it is also garbage on the crude and base level where it no doubt hopes to find its audience. „Caligula" is not good art, it is not good cinema, and it is not good porn. [...] You have heard that this is a violent film. But who could have suspected how violent, and to what vile purpose, it really is? In this film, there are scenes depicting a man whose urinary tract is closed, and who has gallons of wine poured down his throat. His bursting stomach is punctured with a sword. There is a scene in which a man is emasculated, and his genitals thrown to dogs, who eagerly eat them on the screen. There are scenes of decapitation, evisceration, rape, bestiality, sadomasochism, necrophilia. [...] „This movie," said the lady in front of me at the drinking fountain, „is the worst piece of shit I have ever seen."

(Quelle: Chicago Sun-Times, 22.9.1980)

Terry Jones: *Das Leben des Brian* (Großbritannien 1979)

Der heute noch bekannteste Film der Monty-Python-Truppe ist natürlich kein Angriff auf das Christentum oder auf die Person des Jesus von Nazareth. Vielmehr geht es in der Satire um die Mechanismen organisierter Religion. Das war vielen Zensurbehörden in aller Welt aber nur schwer zu vermitteln, als Eric Palin am Kreuz hing und „Always look on the bright side of life" sang: Der Film wurde in Teilen Englands,

> „Durch die Tür hinaus, zur linken Reihe, jeder nur ein Kreuz. Der Nächste!"
> *Michael Palin*

in Südafrika, Singapur, Bhutan, Oman, Norwegen und Irland verboten. Immerhin hoben Norwegen und Irland das Verbot später wieder auf, doch mehrere britische Gemeinden hielten ein Verbot des Films über 30 Jahre lang aufrecht – als Letztes wurde der Film in Torbay an der englischen Riviera freigegeben, im Jahr 2008. Auf uns wirkt ein solches Verbot zumeist befremdlich: Hierzulande lieben auch gläubige Christen die Persiflage auf die Sandalenfilme der 60er Jahre. Mag sein, dass es manchem Zensor ähnlich ging wie dem Journalisten Malcolm Muggeridge und Bischof Mervyn Stockwood, die am Tag nach der Premiere 1979 mit John Cleese und Michael Palin von Monty Python über den Film im Fernsehen diskutierten. Später stellte sich heraus, dass beide Kritiker die ersten Szenen des Films verpasst hatten und so gar nicht verstanden hatten, dass Brian gar nicht mit Jesus Christus identisch sein sollte. Immerhin war die Kontroverse zumindest mit dafür verantwortlich, dass der Film weltweit zum Kassenschlager wurde.

Martin Scorsese: *Die letzte Versuchung Christi* (USA 1988)

Scorseses Film über Jesus von Nazareth ist ein filmisches Meisterwerk – von Michael Ballhaus' brillanter Kameraführung über die grandiose Leistung von Willem Dafoe bis hin zu Peter Gabriels hypnotischem Soundtrack. Erzählerisch funktioniert der Film größtenteils als Interpretation von Szenen aus dem Neuen Testament. Dass Jesus als Zimmermann scheinbar gelassen Kreuze für zum Tode Verurteilte herstellt, ist eine gewagte, aber durchaus interessante Spekulation. Und blasphemisch ist es beileibe auch nicht, wenn Scorsese Jesus als von Selbstzweifeln geplagten Mann zeigt, der Schwierigkeiten hat, seine Göttlichkeit zu akzeptieren und sich in sein unabwendbares Schicksal zu fügen – doch selbst das rief die Kritiker auf den Plan. Der größte Stein des Anstoßes war eine Szene, in der Jesus Sex mit Maria Magdalena hat, obwohl dies ganz klar als Halluzination gekennzeichnet ist, die Jesus hat, als er am Kreuz hängt. Es kam, wie es kommen musste: Mehrere hundert Demonstranten zogen vor die kalifornische MCA-Zentrale, und diverse Länder wie Mexiko, die Türkei und Argentinien indizierten den Film; in Singapur, Chile und auf den Philippinen ist er heute noch verboten. Sein hässlichstes Gesicht zeigte der christliche Fundamentalismus jedoch ausnahmsweise in Europa: Ende Oktober 1988 griffen Anhänger einer militanten französischen Katholikengruppe das Kino Espace Saint-Michel nahe der Sorbonne in Paris während einer Vorstellung der *Letzten Versuchung Christi* mit Molotow-Cocktails an. 13 Personen wurden verletzt, vier davon schwer. Das zerstörte Kino konnte erst nach drei Jahren wieder seine Türen öffnen. Anders als beim *Leben des Brian* führte die Aufregung um den Film dazu, dass er ein finanzieller Misserfolg wurde – vielerorts trauten sich die Menschen aufgrund der gewaltsamen Proteste, auch anderorts, schlichtweg nicht ins Kino.

Top 10 Sandalenfilme mit anachronistischen Details

Wie in allen menschlichen Belangen werden auch beim Film zahlreiche Fehler gemacht. Doch gerade bei millionenschweren Monumental- oder Sandalenfilmen, bei denen Unsummen für (mehr oder weniger) authentische Ausstattung und Set-Design ausgegeben werden, erstaunt es einen immer wieder, wenn man ganz offensichtliche Fehler entdeckt, die vom Dreh bis zum Schnitt und der Post-Production einfach übersehen worden sind. Dass einer von Ben Hurs Kontrahenten im Film eine Armbanduhr trägt, ist zwar lediglich ein hartnäckiger Mythos, doch es gibt zahlreiche andere Fehler, die diesem in nichts nachstehen. Hier die schönsten Beispiele:

Troja (Wolfgang Petersen, 2004)
- Im Lager der Griechen sieht man die Sonne über dem Meer aufgehen; nach allen heutigen Erkenntnissen zur Lage Trojas könnte sie dort höchstens untergehen.
- Jemand führt zwei Lamas hinter sich her, die in Südamerika leben (Teile des Films wurden in Mexiko gedreht).
- Ein Komparse mit einer modernen Sonnenbrille ist zu sehen.

Alexander (Oliver Stone, 2004)
- Es wird eine antik wirkende Karte des Mittelmeerraums gezeigt, jedoch mit Beschriftung auf Latein, das zu Alexanders Zeit noch gar nicht verbreitet war.
- Hufeisen, wie man sie in einer Szene sieht, gab es in der Antike nicht.

Die Gladiatoren (Delmer Daves, 1954)
- Die Arena beim Gladiatorenkampf wird von Statuen gesäumt, von denen eine der berühmte „David" Michelangelos ist – fast 1500 Jahre zu früh.

Ben Hur (William Wyler, 1959)
- Pontius Pilatus lässt als Signal für den Beginn des Rennens ein Taschentuch fallen; diese Sitte kam erst mit Nero auf, ein halbes Jahrhundert später.

- In der Arena sieht man deutlich Reifenspuren, sicherlich vom Wagen der Kamera.

Gladiator (Ridley Scott, 2000)
- In einer Szene im römischen Militärlager ist ein Mitglied des Filmteams in Bluejeans zu sehen.
- Im Kolosseum sieht man eine Komparsin mit einer Wasserflasche aus Plastik.

Cleopatra (Joseph L. Mankiewicz, 1963)
- In Rom passiert Kleopatra den Konstantinsbogen, der erst über 300 Jahre nach ihrem Tod entstand.

Quo Vadis (Mervyn LeRoy, 1951)
- Man sieht bei Christen Kreuze an der Wand hängen, wie sie erst ab dem späten 4. Jahrhundert als christliches Symbol verwendet wurden.
- In einer Massenszene sieht man einen Mann im Blaumann, der sich schnell unters Volk mischt, als er die Kamera bemerkt.

Die Passion Christi (Mel Gibson, 2004)
- Die Römer sprechen im Film allesamt Latein, dabei sprach man im gesamten Osten des Reichs Griechisch – selbst Pontius Pilatus.
- Man sieht Kamele mit zwei Höckern, die es damals in Iudaea noch nicht gab.

Die Bibel (John Huston, 1966)
- Man sieht, dass Adam einen Bauchnabel hat – woher bloß?
- Am Rücken von Saras Kleid sieht man kurz einen Reißverschluss.

Die größte Geschichte aller Zeiten (George Stevens, 1965)
- In mehreren Szenen sind im Hintergrund schneebedeckte Berge zu erkennen, die man in Iudaea vergeblich gesucht hätte – gedreht wurde in Arizona und Utah.
- Davon zeugen auch markante Felsformationen, die an einen Western erinnern und die es ebenfalls im Nahen Osten so nicht gibt.

Ein Leben als Skandal: Elagabal

Jahrhundertelang war der Name Elagabal geradezu ein Synonym für spätrömische Dekadenz. Er galt als homosexueller Transvestit mit masochistischen Neigungen, und auch wenn die Forschung viele Aspekte seines Lebens heute anders wertet als noch vor 50 Jahren und auch die Kritik am Kaiser kritischer betrachtet, birgt seine Vita noch genügend Potenzial für mehrere skandalöse Herrscherbiografien.

Elagabal hieß eigentlich Varius Avitus Bassianus und kam 204 n. Chr. in Syrien zur Welt. Bereits mit 14 Jahren wurde er römischer Kaiser, durch das Zutun seiner Großmutter, die mittels Bestechungen und Intrigen dafür sorgte, dass der Junge auf den Thron kam – angeblich war er ein Sohn Caracallas. Im Amt nahm er den Namen Marcus Aurelius Antoninus an; Elagabal nannte man ihn erst Jahrhunderte später.

Skandal: Ein neuer Gott für Rom!

Diesen seltsam anmutenden Namen borgte man sich von einem syrischen Gott, den die Familie des Jungen aus ihrer syrischen Heimat nach Rom mitbrachte. Elagabal war trotz seiner jungen Jahre offiziell Hohepriester des gleichnamigen Gottes, den man in seiner Heimatstadt Emesa (heute: Homs) in Form eines großen schwarzen Meteoriten verehrte. Den Eingang seines heimatlichen Tempels schmückten zwei riesige Phalli – geradezu propädeutisch für das, was noch kommen sollte. Heute ist umstritten, welchen Platz der neue, fremde Gott in Rom einnehmen sollte. Wollte Elagabal ihn wirklich an die Spitze des römischen Pantheons setzen? Solle er Jupiters Platz einnehmen? Zumindest war die Familie entschlossen, ihm eine wichtige Rolle im religiösen Leben Roms zuzuweisen. Dass sie den Meteoriten, der dem Gott Elagabal geheiligt war, in die Hauptstadt mitbrachte, zeigt dies recht deutlich. Platziert wurde er in einem neu errichteten Tempel auf dem Palatin. An Elagabal selbst lag dies alles sicher nicht, denn im Hintergrund zog offenbar seine Großmutter die Fäden. Das galt auch für die Politik, und schon bald verlor

> „Alles, was früher als ehrwürdig galt, wurde in frevelhaftem Fanatismus verhöhnt und mit Füßen getreten."
>
> *Herodian*

Marmorbüste des Kaisers Elagabal, die die damnatio memoriae *überlebt hat, von 211 n. Chr.; Palazzo Nuovo, Rom*

sich der junge Mann, der kaum Regierungsgeschäfte zu erledigen hatte, in seinen vielen Neigungen, denen niemand einen Riegel vorschob.

Elagabal trug teure, mit Gold bestickte Kleider, wie sie in seiner Heimat üblich waren, und lehnte Tunika und Toga ab – zu billig war der Stoff, aus dem sie hergestellt wurden.

Skandal: Der Kaiser als Tunte!

Mitunter, heißt es, zog er sogar Frauenkleider an. Er schminkte sich, ließ sich den gesamten Körper enthaaren und unterhielt neben seinen diversen kurzlebigen Ehen auch diverse Beziehungen zu Männern. Das allein war (selbst für einen Kaiser) nicht ungewöhnlich; dass man es später aber so stark betonte, liegt unter anderem daran, welche sexuellen Praktiken er bevorzugte. So bezeugt der Historiker Cassius Dio, der Kaiser habe sich regelmäßig von seinen Liebhaber verprügeln lassen, so dass man auf seinem Körper danach Spuren davon sah. Außerdem habe er nicht nur des Öfteren Bordelle besucht und dabei selbst so getan, als prostituiere er sich selbst. Und er habe sogar im Kaiserpalast eigens ein Zimmer für seine Eskapaden eingerichtet und habe dort nackt an der Tür auf Besucher gewartet, wie es die Prostituierten zu tun pflegten. Als Priester, so ist überliefert, habe Elagabal sich sogar kastrieren wollen, am Ende lief es aber auf eine Beschneidung hinaus.

Skandal: Der Kaiser schändet eine Vestalin!

Dies alles beschränkte sich jedoch nicht auf Elagabals Privatleben – insofern, als er einen seiner Liebhaber, einen Wagenlenker mit Namen Hierokles, der noch dazu ein ehemaliger Sklave aus Kleinasien war, am Kaiserhof zu einer einflussreichen Figur machte. Dafür, dass Elagabal Hierokles nicht zum Thronfolger machte, sorgte am Ende (natürlich) seine Großmutter. Der größte öffentliche Skandal um Elagabal indes war die Ehe des Kaisers mit Aquilia Severa, einer ehemaligen Vestalin. Als Priesterin der Vesta hatte sie ein Keuschheitsgelübde abgelegt, und das brach sie nun – beziehungsweise der Kaiser zwang sie dazu, es zu brechen. Nach altem Brauch musste eine Vestalin, die Sex gehabt hatte, lebendig begraben werden, und der Mann, der sie verführt hatte, so lange ausgepeitscht werden, bis er tot war. Stattdessen saßen sie als Mann und Frau im kaiserlichen Palast. Der Vestakult war einer der bedeutendsten in Rom (s. S. 123) und hatte eine symbolische Bedeutung für das Wohlergehen des gesamten Römischen Reichs. Schon deshalb war der Bruch dieses Tabus etwas, das die römische Öffentlichkeit dem Kaiser (der ja u. a. das Amt des *pontifex maximus* bekleidete und die Oberaufsicht über die römische Religion besaß) nicht verzeihen konnte. Und seitens Elagabals zeigt es nur zu deutlich, wie wenig Verbindung der junge Mann und seine Familie zu Rom, seinen Sitten und Gebräuchen und zum römischen Volk hatten.

Am Ende wurde ihm sein Narzissmus zum Verhängnis, als sein Cousin Alexander Severus öffentlich als Thronfolger vorgestellt wurde. Bei der Zeremonie jubelten die Soldaten dem beliebten Alexander zu, Elagabal ignorierten sie mehr oder weniger. Der gekränkte Kaiser befahl, alle hinzurichten, die nicht für ihn gejubelt hatten. Da war das Maß für die Prätorianer, die kaiserliche Leibwache, voll – sie töteten den Kaiser und kurz darauf auch Hierokles und andere Günstlinge Elagabals. Er selbst wurde nur 18 Jahre alt. Nach seinem Tod fiel er der *damnatio memoriae* (s. S. 176) anheim, den seinem Gott geheiligten schwarzen Stein schickte man nach Emesa zurück.

Er versuchte zu fliehen, und er ließ sich in einer Kiste verstecken; damit wäre er auch durchgekommen, hätte man ihn nicht entdeckt und getötet […]. Seine Mutter, die ihn fest an sich zog, starb mit ihm – man schlug ihnen die Köpfe ab, und ihre Körper entkleidete man und zog sie hinter sich her durch die ganze Stadt; dann warf man den Leichnam der Mutter fort und den seinen in den Fluss.

(Quelle: Cassius Dio 80.20)

POLITIKER IM ZWIELICHT

Die Politik verdirbt den Charakter.

Eugen Sierke

*

Wer Sehnsucht nach Harmonie hat, muss
in einen Gesangsverein gehen. Aber nicht
in die Politik.

Norbert Blüm

Harem gegen Pharao

Angeklagt wurde Pabekkamen, der große Feind, damals Haushofmeister. Man brachte ihn her, weil er mit Tije und den Bewohnerinnen des Frauenhauses gemeinsame Sache gemacht hatte. Dies hatte er getan, und er hatte ihren Müttern und Geschwistern mitgeteilt, was die Verschwörer vorhatten, und zu diesen gesagt: „Versammelt Leute um euch und lasst Feindschaft wachsen!". Dadurch wollte er einen Aufstand gegen ihren Herren in die Wege leiten.

(Quelle: Jur. P. Turin)

Die überschäumende Fantasie des 19. Jahrhunderts ist schuld daran, dass heute noch ein Komplott zum Sturz des mächtigsten Mannes der damaligen Zeit als „Haremsverschwörung" bezeichnet wird – abgesehen davon, dass es im alten Ägypten so etwas wie einen Harem gar nicht gab. Aber der Orient übte nun einmal seinen ganz eigenen Reiz auf die Menschen aus, und so fand man nichts dabei, die ägyptische Kultur und die Geschichten aus „1001 Nacht" munter zu verschmelzen, zumindest was die Diktion betrifft.

Bei dieser Verschwörung ging es um Ramses III., den letzten wichtige Pharao des ägyptischen Neuen Reichs, der über dreißig Jahre lang herrschte, was ziemlich ungewöhnlich für die damalige Zeit war. Die sogenannte Haremsverschwörung von 1156 v. Chr. ist sicherlich das bemerkenswerteste Ereignis seiner Regierungszeit.

Ramses III. regierte in einer politisch und wirtschaftlich schwierigen Zeit. Die Bevölkerung war unzufrieden, es kam zu Streiks und Aufständen. Das war jedoch ganz und gar nicht der Grund für die Verschwörung, den König zu töten. Vielmehr verschwor sich sein eigener Hofstaat gegen ihn, und die Verschwörer saßen zumindest zum Teil im königlichen „Frauenhaus", einer Einrichtung, in der die zahlreichen Frauen und Nebenfrauen des Königs lebten, zusammen mit all ihren weiblichen Verwandten und ihren Kindern. „Harem" ist tatsächlich eine seltsame Bezeichnung dafür, eher war es eine Art soziales, aber auch geschäftliches Zentrum, das sogar eigene Beamte beschäftigte.

Einer der Gründe für den Unmut unter den Frauen war, dass sich der Pharao lange einfach nicht dazu durchringen konnte, eine seiner Frauen zur „Großen königlichen Gemahlin" zu erklären, deren Sohn dann einmal seinen Platz einnehmen würde. Natürlich war Ramses' ältester Sohn einer der wahrscheinlichsten Kandidaten, doch gerade das passte Ramses' Nebenfrau Teje überhaupt nicht: Sie wollte ihren eigenen Sohn auf dem Thron sehen und schmiedete eine Intrige, die Ramses III. das Leben kosten und Tejes Sohn (dessen Name bezeichnenderweise nicht überliefert ist) auf den Thron bringen sollte. Eine erstaunlich große Zahl an Verschwörern, viele auch von außerhalb des Frauenhauses, war daran beteiligt – das verraten uns die bis heute überlieferten Prozessakten, die 28 Männer namentlich aufführen, vom Priester über den Kellermeister bis zum Richter; so gut wie alle im Frauenhaus angestellten Beamten waren Mittäter oder Mitwisser.

Die Verschwörer wollten den Pharao in seinem Palast in Medinet Habu ermorden, während des großen Talfestes, mit Unterstützung eines in Nubien stationierten Heereszugs. Was dann genau geschah, ist unklar – und lange Zeit wusste man noch nicht einmal, ob Ramses III. das Attentat überlebte oder nicht. Man ging immer davon aus, er habe eine Zeitlang überlebt, da er in den Prozessakten als Ankläger genannt ist. Erst Ende 2012 haben es Untersuchungen seiner Mumie per Computertomografie ans Licht gebracht: Ihm wurde tatsächlich ein Messer in den Hals gestoßen, und daran ist er gestorben. Als Ankläger fungierte er also sozusagen postum, denn durch seinen Tod war der Pharao zum Gott geworden, der das Geschehen nun aus dem Jenseits verfolgte. Alle Angeklagten wurden verurteilt, teilweise wurden ihnen, wie damals üblich, Nase und Ohren abgeschnitten. In politischer Hinsicht war der Putschversuch also gescheitert; Ramses' Nachfolger wurde nicht Tejes Sohn, sondern sein Sohn mit Isettahemdjert, die er schließlich doch noch zur „Großen königlichen Gemahlin" gekürt hatte. Er nannte sich Ramses IV.

Die Pixodaros-Affäre

336 v. Chr. plante der Vater Alexanders des Großen, Makedonenkönig Philipp II., eine groß angelegte Invasion Asiens. Durchgeführt wurde sie später erst durch seinen berühmten Sohn, doch im Moment sah noch alles danach aus, als würde Philipp im Persischen Reich einmarschieren. Manche Lokalherrscher deuteten die Zeichen der Zeit so, dass sie es für vielversprechender hielten, sich von Persien loszusagen und schon einmal prophylaktisch die Nähe der Makedonen zu suchen. Einer der Herrscher im Osten, die sich Philipp für eine Allianz anboten, war Pixodaros, der Satrap von Karien (heutige Südwesttürkei). Besiegelt werden sollte die Allianz durch eine Heirat von Pixodaros' Tochter Ada mit Philipps Sohn – aber nicht mit Alexander, sondern mit seinem anderen Sohn, Arrhidaios.

Das gefiel Alexander überhaupt nicht. Er fühlte sich nicht nur persönlich übergangen, sondern musste befürchten, dass sein Vater an seiner statt seinen Halbbruder als designierten Thronfolger aufbauen wollte. So sandte er einen Vertrauten, einen bekannten Schauspieler namens Thessalos, nach Karien, um seinerseits auf eigene Faust mit Pixodaros Verhandlungen aufzunehmen. Sein Ziel: sich selbst dem Satrapen als Schwiegersohn anzubieten.

Als Philipp davon erfuhr, geriet er außer sich. Was Alexander getan hatte, war nicht nur die Handlung eines gekränkten Sohnes, der seinem Vater einen Strich durch die Rechnung machen wollte – man konnte es gut und gerne als Hochverrat auslegen. Die Folgen waren entsprechend: Philipp ließ Thessalos in Ketten nach Makedonien zurückbringen, und eine ganze Reihe Freunde und Vertraute Alexanders wurden ins Exil geschickt. Noch im selben Jahr starb Philipp jedoch, und Alexander wurde (auch auf Betreiben von Olympias, seiner Mutter) neuer König Makedoniens. Was Philipps gewaltsamen Tod betrifft, gab es Gerüchte, dass Olympias die Finger im Spiel hatte; ganz verstummt sind diese Gerüchte auch heute noch nicht. Von Arrhidaios erfahren wir für die folgenden 13 Jahre nichts mehr, bis er nach Alexanders Tod neuer König wurde.

Am Ende heiratete übrigens keiner von Philipps Söhnen Ada: Ihr Vater entschied, sich doch wieder in Richtung der Perser zu orientieren, und gab sie einem persischem Statthalter zur Frau, der ihm im Amt nachfolgte. Lange hatte er daran nicht Freude: 334 v. Chr. begann Alexander, das Persische Reich zu überrollen.

Korruption allerorten

Im Zusammenhang mit den Machenschaften des ehemaligen italienischen Regierungschefs Silvio Berlusconi las man in den vergangenen Jahren immer wieder von gekauften Gerichtsurteilen, korrupten Staatsdienern, bestochenen Zeugen und Richtern und vielem solcherlei mehr. Bei der Schilderung der ausschweifenden Orgien des Premiers, der Sexpartys mit Minderjährigen u. Ä. bemühten die Journalisten ständig Vergleiche zum alten Rom. Dabei sind die Parallelen, was Berlusconis Umgang mit den Gerichten betrifft, viel augenfälliger: Auf Schritt und Tritt begegnet einem in der antiken (vor allem der römischen) Literatur der Vorwurf oder vielmehr die Feststellung, die Gerichte seien bestechlich gewesen. Es gibt kaum einen Bericht über einen freigesprochenen Politiker, der der Bereicherung im Amt angeklagt war, bei dem es nicht heißt, er habe Richter bzw. Geschworenen oder Zeugen bestochen.

> „Wie dekadent ist das denn? Berlusconi-Partei feiert altrömische Orgie"
> *BILD-Zeitung*

In Ägypten und auch in Griechenland hatte man noch radikal durchgegriffen: Korrupten Richtern drohte dort die Todesstrafe. In Rom, das sich mit Fug und Recht seines fortschrittlichen Rechtssystems rühmte, identifizierte man die Gerichte, was Bestechlichkeit im Amt anging, als das größere Problem. Die ersten Gesetze gegen Korruption im Gerichtssaal gab es bereits im 2. Jh. v. Chr. – ein Zeichen dafür, dass das Problem zu dieser Zeit bereits erkannt war; dennoch wuchs es sich immer weiter aus. Viele römische Statthalter, die die Provinzen verwalteten und dort Steuern einzogen, wirtschafteten, so gut sie konnten, in die eigene Tasche.

Für solche Fälle von Bereicherung im Amt wurde bereits 149 v. Chr. eine eigene juristische Institution eingerichtet: der Repetundengerichtshof (für *actiones de repetundis*, wörtlich: „Prozesse über Rückforderungen"). Hier konnten Privatleute korrupte Statthalter anzeigen und Geld zurückverlangen, das man ihnen in der Provinz unrechtmäßig abgenommen hatte. Anders als bei anderen Gerichten konnten dabei sogar Menschen Klage einreichen, die nicht das römische Bürgerrecht besaßen – sonst hätte das Ganze freilich auch kaum funktioniert.

Aber nicht nur im Verlauf von Prozessen regierte das Geld das juristische Prozedere, sondern schon vorher: Es gab im alten Rom berufsmäßige Ankläger, die Verdächtige vor Gericht brachten und dazu eine entsprechende Anklageschrift vorlegten. Dabei ging es einzig und allein um persönliche Bereicherung: Wenn der Angeklagte verurteilt wurde, zahlte das Gericht dem Ankläger aus dem Vermögen des Verurteilten (das in der Regel vom Staat beschlagnahmt wurde) eine Prämie aus. Trotzdem war das Ganze ein Vabanquespiel: Sprach das Gericht den Angeklagten nämlich frei, dann kam es durchaus vor, dass sich der Ankläger nun selbst vor Gericht wiederfand, angeklagt wegen Verleumdung und Irreführung des Gerichts. Man braucht kaum zu erwähnen, dass dieser „Berufsstand" in erster Linie Menschen anzog, die nicht gerade zu den Leuchten der Gesellschaft gehörten.

Der Gipfel der Korruption: Verres

74 v. Chr. ließ sich Gaius Verres, zuvor als Legat des korrupten Cornelius Dolabella in Kilikien, zum *praetor urbanus* wählen; er gab (laut Cicero) die fantastische Summe von 300.000 Sesterzen aus, um seine Wahl sicherzustellen. Das Geld hatte er schnell wieder „eingespielt": Nachdem die aufwendige Reparatur des Tempels von Castor und Pollux auf dem Forum Romanum, ein öffentlich ausgeschriebenes Bauvorhaben, abgeschlossen war, erpresste er die Baufirma, indem er damit drohte, er werde behaupten, die Ausführung sei mangelhaft. Der Bauunternehmer bot ihm 200.000 Sesterzen an, doch das war Verres zu wenig – er pochte auf Nichterfüllung und vergab den Auftrag zur (gar nicht notwendigen) Nachbesserung an eine andere Firma, für über 500.000 Sesterzen – das entsprach über 250 Jahreslöhnen eines Arbeiters (Elbphilharmonie und BER lassen grüßen!). Natürlich strich Verres selbst einen Teil des Geldes ein.

Zur vollen Blüte kam Verres' verbrecherische Ader auf Sizilien, wo er ab 73 v. Chr. Statthalter war: Er änderte zu seinen Gunsten die Steuergesetze, bereicherte sich am Eigentum der Bürger, verteilte öffentliche Ämter an Meistbietende. Hier funktionierte die Korruption in jede Richtung, aber stets zu Gunsten von Verres. Als er 70 v. Chr. zurück in Rom war, wurde er angeklagt, sich widerrechtlich 40 Millionen Sesterzen angeeignet zu haben. Verres' Ankläger vorm zuständigen Repetundengerichtshof war kein Geringerer als Cicero, der zu dieser Zeit bereits als einer der besten Redner Roms galt. Cicero hatte so viele Zeugenaussagen und Beweise zusammengetragen, dass ein Schuldspruch eigentlich nur eine Formsache gewesen wäre – wenn da nicht das Problem der korrupten Gerichte gewesen wäre.

Cicero tat das einzig Richtige und ging in die Offensive. Er erinnerte die Geschworenen daran, wie viel auf dem Spiel stünde: Es gehe nicht nur darum, einen korrupten Statthalter zu bestrafen (wie es auch alle öffentlichen Stimmen forderten), sondern auch, die Ehre der römischen Gerichte zu retten. Werde Verres freigesprochen, bedeute dies, man lasse Korruption und Bestechlichkeit endgültig über Recht und Gesetz triumphieren. Verres wurde schuldig gesprochen, hatte sich jedoch bereits aus Rom abgesetzt, um einer Exilierung vorzugreifen, und verbrachte die nächsten 27 Jahre in Massilia (heute: Marseille), wo er offenbar einen großen Teil des erbeuteten Geldes ausgab. Cicero hatte gesiegt, und er hatte ein Zeichen gesetzt – aber gegen die Habgier der Menschen, auch der Politiker, Richter und Geschworenen, konnte er nichts ausrichten. Und wenn es unter den Funktionsträgern durch seine flammenden und schon bald berühmten Reden gegen Verres vor Gericht einen Sinneswandel gab, dann war er von kurzer Dauer, wie gleich der nächste Fall überdeutlich zeigt.

Theodor Mommsen zu Verres' Misswirtschaft auf Sizilien:

Ein einzelnes Beispiel mag zeigen, wie weit die Dinge gingen. Während der dreijährigen Verwaltung Siziliens durch Gaius Verres sank die Zahl der Ackerwirte in Leontinoi von 84 auf 32, in Motuka von 187 auf 86, in Herbita von 252 auf 120, in Agyrion von 250 auf 80; so daß in vier der fruchtbarsten Distrikte Siziliens von hundert Grundbesitzern 59 ihre Äcker lieber brach liegen ließen, als sie unter diesem Regiment bestellten.

(Quelle: Theodor Mommsen, Römische Geschichte, Bd. 3, Berlin 1922, S. 541)

Die Verschwörung des Catilina

Alle Neuerer des Geistes haben eine Zeit das fahle und fatalistische Zeichen des Tschandala auf der Stirn: nicht, weil sie so empfunden würden, sondern weil sie selbst die furchtbare Kluft fühlen, die sie von allem Herkömmlichen und in Ehren Stehenden trennt. Fast jedes Genie kennt als eine seiner Entwicklungen die „catilinarische Existenz", ein Haß-, Rache- und Aufstands-Gefühl gegen Alles, was schon ist, was nicht mehr wird ... Catilina – die Präexistenz-Form jedes Cäsar.

(Quelle: Friedrich Nietzsche: Götzen-Dämmerung, in: Werke in drei Bänden. München 1954, Band 2, S. 1021)

Im Jahr 66 v. Chr. stand Lucius Sergius Catilina vor Gericht, angeklagt wegen Bestechlichkeit und unrechtmäßiger Bereicherung in seiner Funktion als Proprätor in der Provinz Africa. Das war so weit nichts Ungewöhnliches, immer wieder mussten sich Politiker in Rom für Vergehen dieser Art verantworten. Für Catilina jedoch war es besonders ärgerlich, denn er wollte eigentlich im folgenden Jahr Konsul werden. Er war aus Afrika zurück und präsentierte sich bereits als Kandidat für das folgende Jahr – da traf eine Abordnung aus seiner Provinz in Rom ein, die die entsprechenden Anschuldigungen vorbrachte. So ging es mit Catilina zunächst nicht auf den kurulischen Stuhl, sondern auf die Anklagebank des Repetundengerichtshofs. Einer der Konsuln des laufenden Jahres verbot daraufhin Catilinas Kandidatur.

Catilina war ein Mann, der buchstäblich über Leichen ging. Unter Sulla hatte er, wie man sich erzählte, seinen eigenen Bruder ermordet und dessen Namen dann nachträglich in die Proskriptionslisten aufnehmen lassen – so war er ungeschoren davongekommen. Und Cicero berichtet, er habe auch seine erste Ehefrau getötet, um seine zweite Frau zu heiraten – ebenfalls ohne belangt zu werden. Mag sein, dass dies nur Gerüchte waren, aber sie passen durchaus zu vielen anderen Details, die wir aus dem Leben dieses Mannes wissen.

Als alter Anhänger Sullas war Catilina geradezu prädestiniert dafür, sich mit Cicero politisch zu verfeinden. Umso mehr erstaunt es, dass überliefert ist, Cicero habe vorgehabt, Catilina im Prozess 66 v. Chr. zu verteidigen. Aber es gab tatsächlich zwei Dinge, die die Männer miteinander verbanden: Sie waren verschwägert (Catilina war mit einer Cousine von Ciceros Vater verheiratet), und sie hatten beide Ende 90er Jahre v. Chr. im selben Heereszug gedient. Wie dem auch sei – am Ende zog Cicero es vor, sich aus dem Prozess herauszuhalten. Und Catilina wurde auch ohne die Hilfe des brillanten Redners freigesprochen (sicherlich dank umfangreicher Bestechung).

Karrieretechnisch hatte er indes weniger Glück: Im folgenden Jahr ließ er sich erneut als Kandidat fürs Konsulat aufstellen, unterlag in der Abstimmung aber ausgerechnet Cicero. Ein letztes Mal versuchte er es dann 63 v. Chr., doch alle Lobbyarbeit nützte nichts – er erhielt einfach nicht genug Stimmen. Wir wissen nicht, wie viel Geld Catilina im Rahmen seines Wahlkampfs darin investierte, die Zenturiatkomitien zu bestechen, die jedes Jahr Konsuln und Prätoren wählten. Und bereits zuvor hatte er viel, viel Geld aufwenden müssen, um im Repetundenprozess freigesprochen zu werden – in Rom ging zu jener Zeit der Witz um, Catilina sei aus dem Gerichtsgebäude genauso arm herausgekommen, wie die Geschworenen hineingegangen seien. Klar ist: Er hatte er einen ganzen Berg Schulden angesammelt, als er beschloss, den Staat, der ihn nicht als obersten Mann wollte, kurzerhand zu stürzen.

Nicht nur verletzter Stolz wird es gewesen sein, sondern auch eben dieser Schuldenberg, der ihn dazu trieb, einen Staatsstreich zu planen, der als „Catilinarische Verschwörung" in die Geschichtsbücher eingehen sollte: Schon im Wahlkampf hatte er sich (aus naheliegenden Gründen) dafür ausgesprochen, Zinsen zu senken und es Menschen, die sich verschuldet hatten, allgemein leichter zu machen. Nach dem Putsch sollte es natürlich einen allgemeinen Schuldenerlass geben. Damit das Ganze funktionierte, brauchte Catilina aber Mitstreiter, und die fand er in den Reihen der unzufriedenen jungen Adligen und verarmten Sulla-Veteranen.

> „Was für Zeiten, was für Sitten! Der Senat und Konsul wissen Bescheid – und dennoch ist dieser Mensch noch am Leben!"
> *Cicero über Catilina*

Der Plan für den Staatsstreich selbst barg alle Elemente, die man bei einem solchen Putsch erwartet: Cicero, der amtierende Konsul, sollte

Realistische Darstellung mit Schönheitsfehler – diese Senatssitzung fand nicht im dargestellten Senatsgebäude, sondern im Tempel des Iuppiter Stator statt: Cesare Maccari, „Cicero beschuldigt Catilina", Wandmalerei, 1888; Palazzo Madama, Rom

ermordet werden; dann würde Catilina sich selbst zum Konsul ausrufen, für sich selbst und seine Mitverschwörer eine Amnestie verkünden und seine Feinde allesamt umbringen lassen. Um das Ganze abzusichern, würden mehrere im Umland versammelten Armeen, die Catilina und seinen Mitverschwörern unterstanden, Rom einnehmen und sich an den Politikermorden beteiligen. Das würde deshalb besonders gut funktionieren, weil sich der Heerführer Pompeius mit seiner eigenen Armee gerade im Osten des Reichs befand.

Wenige Wochen vor dem für den Staatsstreich anvisierten Datum war es ausgerechnet Cicero, der Wind von der Sache bekam: Fulvia, die Geliebte eines der Mitverschwörer Catilinas, kam zu ihm und berichtete Details über die Pläne der Umstürzler. Umgehend setzte Cicero den Senat davon in Kenntnis, doch dieser reagierte erst, als er handfeste Beweise hatte, in Form abgefangener Briefe der Verschwörer. Als dem Senat dann noch auffällige Truppenbewegungen aus dem römischen Umland gemeldet wurden, rief er unter Ciceros Ägide den Notstand aus: Er verabschiedete das *senatus consultum ultimum* („äußerster Beschluss des Senats"). Das geschah am 21. Oktober 63 v. Chr. – ganze sechs Tage vor dem

Datum, für das der Putsch angesetzt war. Der Senatsbeschluss verlieh Cicero umfangreiche Vollmacht zur Rettung der Republik, und er nutzte sie auch aus.

Die Verschwörer waren indes noch nicht geschlagen: Am 6. November trafen sich die verbleibenden Catilinarier mit ihrem Rädelsführer, um neue Pläne zu schmieden; wieder sollten bewaffnete Truppen von Etrurien aus in die Stadt eindringen und an strategisch wichtigen Punkten Brände legen, wichtige Politiker umbringen und Catilina an die Spitze des Staates setzen. Doch wieder flog alles auf, und schon zwei Tage später schlug Ciceros große Stunde: Vor dem Senat hielt er eine seiner berühmtesten Reden – eine Brandrede gegen Catilina, der (zum Überraschen vieler) selbst anwesend war und seine Unschuld beteuerte. Spätestens nach Ciceros eindringlichen Worten waren auch die letzten Zweifler von Catilinas Schuld überzeugt. Dennoch gelang es Catilina zu fliehen, und am 15. November erklärte der Senat Catilina zum Staatsfeind.

Kurz darauf flackerte die Verschwörung ein letztes Mal auf: Die verbleibenden Catilinarier versuchten einen Trupp Gallier zu rekrutieren, die sich in Rom befanden. Glücklicherweise ließen sie sich nicht mit den Putschisten ein, sondern wandten sich an Cicero. Der griff zu einer List: Er brachte die Gallier dazu, sich ihre Mittäterschaft und die dafür zu bezahlende Belohnung seitens der Verschwörer schriftlich bestätigen zu lassen. Mit diesen Dokumenten in den Händen hatte Cicero schließlich genügend Beweismittel, um noch gegen die letzten übrigen Verschwörer vorzugehen. Er ließ sie allesamt festnehmen und hinrichten. Und wenig später wurde auch Catilina gestellt und getötet.

Der eigentliche Skandal erwuchs jedoch gar nicht so sehr aus der Catilinarischen Verschwörung, sondern aus dem Verhalten Ciceros. Zwar hatte er verfassungskonform gehandelt, als er mit den Verschwörern „kurzen Prozess" gemacht hatte, aber das war nicht überall gut angekommen. Die kritischen Stimmen mehrten sich, und an ihre Spitze setzte sich ein Mann, der mit Cicero noch eine Rechnung offen hatte (wie er meinte): Publius Clodius Pulcher, seines Zeichens mittlerweile Volkstribun (s. S. 124). 58 v. Chr. brachte er ein Gesetz ein, das jedem, der den Tod eines römischen Bürgers erwirkte, ohne dass eine reguläre Gerichtsverhandlung stattgefunden hatte, das Bürgerrecht absprach – und zwar rückwirkend. Das richtete sich direkt gegen Cicero, denn drei Jahre zuvor war Catilina und seinen Verschwörern ja genau das verwehrt worden: ein fairer Prozess. Natürlich hatte Cicero damals schnell handeln müssen, und sicherlich wollte er vor allem den Staat davor schützen, dass der Putsch doch noch gelang. Heute ist man sich allerdings sogar unter Historikern nicht mehr einig darin, wie man die Catilinarische Verschwörung einzuschätzen hat. Diverse Einzelheiten könnten in den Quellen übertrieben dargestellt sein, und vielleicht hat auch Cicero das Ausmaß der Verschwörung übertrieben, um sich selbst in ein besseres Licht zu Rücken.

Zurück zu Cicero: Dieser wusste nach Clodius' durchaus cleverem Schachzug natürlich, was die Stunde geschlagen hatte. Er verließ Rom freiwillig, um sich die Schmach zu ersparen, öffentlich geächtet zu werden, und ging nach Thessaloniki. Sein Vermögen und Grundbesitz in Rom jedoch wurden beschlagnahmt, sein Stadthaus brannte man nieder. So wurde Ciceros großer Triumph nachträglich zu seiner größten Niederlage.

Notstand in Rom

Mindestens 10 Mal kam es in der römischen Geschichte zum *senatus consultum ultimum* gegen bestimmte Personen. Hier eine Übersicht:

Wann?	Gegen wen?	Anlass?
121 v. Chr.	C. Sempronius Gracchus und M. Fulvius Flaccus	Tötung eines Liktoren durch Anhänger des Gracchus
100 v. Chr.	L. Appuleius Saturninus und C. Servilius Glaucia	versuchter Staatsstreich
83 v. Chr.	L. Cornelius Sulla Felix	versuchter Staatsstreich (der später glückte)
77 v. Chr.	M. Aemilius Lepidus	versuchter Staatsstreich
63 v. Chr.	L. Sergius Catilina	versuchter Staatsstreich
62 v. Chr.	Q. Caecilius Metellus Nepos	Gesetzesantrag zum militärischen Vorgehen gegen Catilina
49 v. Chr.	C. Julius Caesar	Vorbereitung zum Staatsstreich
48 v. Chr.	M. Caelius Rufus	Putschversuch gegen Caesar
47 v. Chr.	L. Trebellius und P. Cornelius Dolabella	Versuch des gewaltsamen Durchsetzens eines Gesetzesantrags
43 v. Chr.	M. Antonius	Niederlage gegen Octavian im Bürgerkrieg

Der Bona-Dea-Skandal

Im Jahr 62 v. Chr., nachdem Ciceros Zeit als Konsul abgelaufen und die Catilinarische Verschwörung verhindert worden war (s. S. 120), ging das Amt des obersten römischen Priesters, des *pontifex maximus*, an Gaius Julius Caesar. Zugegeben, das Amt hatte zu dieser Zeit bereits eher eine politische Bedeutung denn eine religiöse, und so war es vor allem ein weiterer Schritt nach oben auf der Karriereleiter für Caesar. Nichtsdestotrotz hatte der *pontifex maximus* die Oberaufsicht über alle römischen Kulte, und einer der wichtigsten dieser Kulte war derjenige der Vesta, der Göttin des Herdfeuers.

Die Priesterinnen dieser Göttin waren die *virgines Vestales*, die „vestalischen Jungfrauen" (oder Vestalinnen) – es waren tatsächlich Jungfrauen, die ein Keuschheitsgelübde ablegten. Dennoch galt als Vesta-Priesterin ausgewählt zu werden als große Ehre. Der Kult selbst ging in eine Zeit noch vor der Gründung Roms zurück, und genauso alt wie ihr Kult war die Aufgabe der Vestalinnen: Sie hüteten im Tempel der Vesta auf dem Forum das ewige Feuer, das, so lange es brannte, Glück und Wohlstand für Rom verhieß.

Neben diesem Feuer gab es eine weitere feste Institution der Vestalinnen: ein jährliches Fest, bei dem die Priesterinnen zusammen mit ausgewählten Damen der „oberen Zehntausend" Roms geheime Riten begingen – so geheim, dass wir bis heute keine Ahnung haben, was dort geschah. Was wir wissen, ist lediglich, dass das Fest zu Ehren der Bona Dea stattfand. Bona Dea war der Name einer uralten Göttin, die u. a. für die Bereiche Fruchtbarkeit und Frauen zuständig war. Des Weiteren kennen wir ein paar Rahmenbedingungen, so z. B. dass dieses Fest stets im Hause des amtierenden *pontifex maximus* abgehalten wurde. Und das war im Jahr, als das Vesta-Fest die größten „Schlagzeilen" seiner Geschichte schrieb, ausgerechnet Caesar.

Dabei sein konnte Caesar nicht: Männer und Knaben durften an jenem Abend das Haus unter keinen Umständen betreten – sogar männliche Tiere hatten Hausverbot (so wie es auf dem griechischen Mönchsberg Athos bis heute keine weiblichen Haustiere gibt). Die Frau des *pontifex maximus* fungierte an einem solchen Abend als Gastgeberin, in diesem

Fall also Caesars zweite Frau Pompeia, eine Enkelin Sullas. Ihr Vermögen war es letztlich gewesen, das dem Emporkömmling Caesar seinen raketenartigen Aufstieg ermöglicht hatte (der noch lange nicht zu Ende war).

Am Abend des 4. Dezember 62 v. Chr. war es wieder so weit: Das Fest der Bona Dea fand statt. Publius Clodius Pulcher war zu diesem Zeitpunkt 30 Jahre alt. Er war ein demagogischer Opportunist, der eigentlich „Claudius" hieß, sich aber schon zu Beginn seiner Laufbahn die plebejische Form des Namens, also Clodius, gegeben hatte, um seine Verbindung zum „einfachen Volk" klarzustellen – was in seinem Falle jedoch nichts weiter bedeutete, als dass er sich so den Weg für eine Karriere als Volkstribun ebnen wollte. Dieses durchaus wichtige politische Amt war nämlich Plebejern vorbehalten, und ganz folgerichtig ließ er sich später von einem Plebejer adoptieren. Und Caesar war maßgeblich daran beteiligt.

Was genau Clodius dazu trieb, an diesem Abend in die Geschichtsbücher einzugehen, wissen wir nicht. Vielleicht war es einfach Neugier, oder er wollte tun, was keinem Mann vor ihm gelungen war. Zumindest wissen wir, *was* er tat, denn das ist gut bezeugt – beispielsweise durch seinen späteren Erzfeind Cicero: Clodius zog sich Frauenkleider an, und es gelang ihm, sich ins Haus Caesars zu schmuggeln, wo die geheimen Riten stattfanden, denen kein Mann Zeuge werden durfte. Lange währte der Schwindel nicht: Man enttarnte ihn ziemlich schnell, und er floh aus dem Haus. Sicherlich waren alle eingeladenen Frauen der Gastgeberin (oder Caesars Mutter Aureila) persönlich bekannt; wie überzeugend Clodius als Frau wirkte, kann natürlich nur spekuliert werden. Auf jeden Fall floh er, ohne dass man ganz sicher wusste, ob er es war. Aber kaum jemand hatte einen Zweifel daran, was darauf schließen lässt, dass er schon vorher kein unbeschriebenes Blatt war, egal in welcher Hinsicht. Und so war man auch schnell mit einer Erklärung bei der Hand: Clodius habe eine Affäre mit Caesars Frau, und sei in Caesars Haus eingedrungen, um sich dort mit ihr zu treffen. Immerhin konnte er sicher sein, dass der Hausherr an jenem Abend fort war.

Natürlich konnte ein solch blasphemisches Verhalten nicht ohne Antwort bleiben. Immerhin stand das Wohlergehen des Staates auf dem Spiel (zumindest theoretisch – ob tatsächlich jemand glaubte, es würde den Staat ins Unheil stürzen, wenn man die Bona Dea oder Vesta verärgerte, kann man zumindest bezweifeln). In juristischer Hinsicht war es allerdings nicht leicht, Clodius zu belangen: Sein Eindringen in Caesars Haus war rein formell weder ein *sacrilegium* (Diebstahl religiöser Gegenstände) noch ein *incestum* (Beischlaf mit einer Vestalin), und dies waren die zwei religiösen Verbrechen, die man in Rom juristisch ahndete. Natürlich war es Hausfriedensbruch, aber Hausherr Caesar hatte darauf verzichtet, Clodius anzuzeigen. Der ratlose Senat übergab den Fall den Pontifices, und tatsächlich beschlossen diese (sicherlich ohne die Stimme Caesars), das unerlaubte Beiwohnen der Bona-Dea-Zeremonie als *incestum* zu werten. Der Senat verabschiedete ein entsprechendes Gesetz, und so stand Clodius 61 v. Chr. also doch noch vor Gericht, vor einem eigens für den Fall geschaffenen Tribunal.

Clodius bot ein Alibi auf, beteuerte, er sei in der fraglichen Nacht überhaupt nicht in Rom gewesen. Die Rede für die Anklage hielt Cicero, und er bot alles auf, um Clodius schuldig sprechen zu lassen; ihm gelang es sogar zu beweisen, dass Clodius' Alibi falsch war. Doch das nützte genau so wenig wie Ciceros großes rhetorisches Geschick: Clodius wurde freigesprochen. Seneca berichtet noch hundert Jahre später über diesen Prozess, und er hat keinen Zweifel daran, dass es Clodius einzig und allein durch Bestechung gelang, freizu- kommen. Laut Seneca flossen aber nicht nur

> „Clodius' Freispruch war ein noch größeres Ver- brechen als seine Tat."
>
> *Seneca*

Gelder – Clodius „vermittelte" den Richtern obendrein adlige Mädchen, Frauen und Jünglinge zum Beischlaf. Zu jenem Zeitpunkt galt das Ver- halten der Richter und der Umgang Clodius' mit der römischen Justiz bereits als der größere Skandal.

Clodius indes trug keinen Schaden davon: Schon 59 v. Chr. wurde er Volkstribun, später sogar Ädil. Eine Leidtragende hatte der Skandal jedoch: Caesars Frau Pompeia; anlässlich des Clodius-Prozesses ließ er sich von ihr scheiden. Und das, obwohl das Gericht ja bestätigt hatte, dass Clodius unschuldig war; nun, ihr Ruf war ohnehin nicht der beste gewesen. Am schlimmsten traf es aber Cicero, der sich durch seinen Auftritt als Ankläger einen einflussreichen politischen und persönlichen Feind geschaffen hatte. Drei Jahre später sorgte Clodius dafür, dass man Cicero aus Rom verbannte.

Brüderchen und Schwesterchen

Lesbius ist schön. Wie auch nicht? Ihn will Lesbia lieber
als dich, Catull, und deine gesamte Sippe.
Dennoch würde er Catull mit seiner ganzen Sippe verkaufen,
wenn er dafür dreimal die Lippen seiner Freunde bekäme.

(Quelle: Catull 79)

„Clodia, Schwester des Publius Clodius Pulcher, schön, aber wie ihr Bruder leidenschaftlich und ausschweifend, klagte einen ihrer Liebhaber, den M. Cölius Rufus, des Vergiftungsversuches auf sie an, fiel aber mit ihrer Anklage durch; die Vertheidigungsrede des Cicero für Cölius ist uns erhalten." So lautet der Eintrag in *Herders Conversations-Lexikon* von 1854. Die Rede, auf die der Artikel sich bezieht, ist *Pro Caelio* (der Schreibfehler mit dem „ö" sei dem Lexikon verziehen) vom 4. April 56 v. Chr. Darin fuhr Cicero einiges auf, um seinen Mandanten zu entlasten, und er setzte dort an, wo wohl jeder es erwartet hatte: Beim liederlichen Lebenswandel der Clodia. Er nennt sie in seiner Rede eine „Hure" und spricht damit aus, was viele in Rom dachten – Clodia Metelli, die Schwester von Publius Clodius Pulcher (s. S. 124) und eventuell Geliebte des Dichters Catull (die dieser „Lesbia" nannte, s. S. 17), war bekannt als etwas, das man mit einem noch ein wenig freundlichen Ausdruck eine „Skandalnudel" nennen würde.

Einer der Punkte, die Cicero Clodia im Folgenden vorwirft, ist, dass sie ein inzestuöses Verhältnis mit ihrem Bruder, dem einflussreichen Politiker, unterhält. Er tut dies zwar im Tonfall dessen, der wohl weiß, dass er nur Gerüchte widergibt, die Clodia vor allem zum Spott gereichen sollen, aber dennoch: Es scheint, als habe sich eben dieses Gerücht in Rom großer Beliebtheit erfreut. Tatsächlich erzählte man sich, Clodius habe mit all seinen drei Schwestern eine sexuelle Beziehung. Überhaupt hatte man in Rom seit dem Bona-Dea-Skandal keine allzu hohe Meinung mehr von Clodius, zumindest nicht in der Oberschicht. Dass er den Patriziern den Rücken zugekehrt hatte und sich von einem Plebejer hatte adoptieren lassen, machte die Sache natürlich nicht besser – so jemandem war alles zuzutrauen, vor allem, da er offenbar gar nicht zu verheimlichen suchte, dass er dies nur getan hatte, um eben jene steile politische Karriere hinzulegen, die ihm dann ja auch gelungen war.

Der Inzest-Vorwurf findet sich auch in einer weiteren Rede Ciceros (*Pro Milone*), aus der hervorgeht, Clodias Mann habe sich aufgrund dieses Gerüchts von ihr scheiden lassen. Und auch in einem Catull-Gedicht findet er sich wieder – c. 79, das auch als Indiz dafür gilt, dass Catulls „Lesbia" eben jene Clodia Metelli war. Dort zieht Catull über einen „Lesbius" her, und die ersten Worte lauten auf Latein: *Lesbius est pulcher* – Lesbius ist schön. Da nun aber Pulcher auch der Beiname des Clodius war, ist die Vermutung nicht von der Hand zu weisen, hier sei Clodius gemeint. Und jenen Lesbius liebt Lesbia (= Clodia), und zwar „mehr" als Catull, den unglücklich Verliebten. Dass es dabei nicht um Liebe im Sinne familiärer Bindung geht, versteht sich durch das „lieber als dich, Catull", von selbst. Auch wenn die Pointe von c. 79 in Richtung passive Homosexualität geht (und auch *pulcher* solche Untertöne aufweist), ändert das nichts am Inzest-Vorwurf: Auch in sexueller Hinsicht war Clodius – wie gesagt – alles zuzutrauen.

Caesar überschreitet den Rubikon

Der Rubikon ist ein Fluss in Norditalien, in der Nähe von Ravenna, und in der Zeit der frühen Republik die Grenze des römischen Einflussbereichs. Nördlich davon begann Gallia cisalpina, das „Gallien diesseits der Alpen". Ab 203 v. Chr. war dies ebenfalls eine römische Provinz, gehörte also zum Römischen Reich; dennoch blieb der Rubikon zumindest symbolisch eine Grenze des italischen Kernlands. Das Römische Recht legte fest, dass nur ordentlich gewählte Konsuln und Prätoren innerhalb Italiens, also südlich des Rubikon und des Arno, das *imperium* besitzen durften, eine Amtsbefugnis, zu der der Oberbefehl über römische Soldaten gehörte. Wer sich südlich dieser Grenze befand und einen niederen Rang hatte, durfte seine Truppen folglich nicht mehr befehligen.

Die weitere Ausübung des *imperium* trotz eines gesetzlichen Verbots galt nach dem Gesetz als Kapitalverbrechen – und auch alle Soldaten,

Ein Name verselbständigt sich: Hiermit geht man allenfalls über den Jordan. Tabakdose aus Großbritannien (John Sinclair Ltd, Newcastle-upon-Tyne)

die einem Heerführer gehorchten, der nicht über das ordnungsgemäße *imperium* verfügte, wurden mit dem Tode bestraft. Diese Regelung diente dazu, zu verhindern, dass Heerführer nach Lust und Laune mit ihren Truppen in der Hauptstadt einen bewaffneten Staatsstreich anzettelten. Wenn sie nach Italien kamen, mussten die Befehlshaber also ihre Truppen auflösen, ansonsten wurde über alle automatisch die Todesstrafe verhängt.

Dies muss man sich zunächst klarmachen, wenn man begreifen will, was für ein unerhörter Skandal es war, als Gaius Julius Caesar am 10. Januar 49 v. Chr. aus Gallien kommend mit einer Legion (ca. 5.000 Mann) den Rubikon überschritt. Er tat dies ganz vorsätzlich, um den bereits schwelenden Konflikt mit dem Senat auf die Spitze zu treiben – und um klarzustellen, dass er die Macht seiner Widersacher in Rom unter Führung von Pompeius nicht fürchtete. Das Manöver zeigte die erhoffte Wirkung: Pompeius floh mit seinen engsten Verbündeten regelrecht vorm herannahenden Caesar nach Griechenland, um sich neu zu organisieren. Und Caesar richtete sich in Rom ein; alle seine Feinde hatten die Stadt verlassen, und so ließ er sich ohne nennenswerte Opposition zunächst für das Jahr 48 v. Chr. zum Konsul wählen – ab 46 v. Chr. war er dann de facto Alleinherrscher und die römische Republik am Ende.

Alea iacta est!

Seinen zweitberühmtesten Ausspruch (nach *veni vedi vici*) hat Caesar in dieser Form gar nicht gesagt. Was gewöhnlich mit „der Würfel ist gefallen" übersetzt wird und Caesar beim Überschreiten des Rubikon in den Mund gelegt wird, ist eigentlich ein Zitat des griechischen Komödienschriftstellers Menander. Es heißt: *anerríphto kýbos*, und das bedeutet: „Der Würfel sei hochgeworfen" (auf Latein: *alea iacta esto*). Caesar erkannte also ganz richtig, dass die Entscheidung eben noch nicht gefallen war, sondern im Gegenteil alles noch offen. Dass Caesar dies auf Griechisch sagte, bezeugt der Historiker Plutarch (*Pomp.* 60.2.9).

Ein Kopf rollt

Gnaeus Pompeius Magnus war der bedeutendste Heerführer seiner Zeit – bis Caesar, sein ärgster Widersacher, auf den Plan trat. Im langwierigen Bürgerkrieg, der auf Caesars Rubikon-Überquerung folgte, standen sich die Heere beider Feldherrn immer wieder gegenüber und dezimierten sich gegenseitig. Pompeius fand jedoch bereits Ende September 48 v. Chr. den Tod: Nachdem er Caesar bei der Schlacht von Pharsalos unterlegen war, floh Pompeius nach Ägypten. Jahre zuvor hatte er Ptolemaios XII., dem Vater des aktuellen ägyptischen Königs, in seinem eigenen Haus in Rom Zuflucht geboten, und so hatte er Grund zur Hoffnung, ihm werde vom Sohn nun ebenfalls Asyl gewährt. Zudem hatte Ptolemaios XIII. Pompeius nur ein paar Monate zuvor eine große Zahl Kriegsschiffe zur Verfügung gestellt. Doch dieser befand sich gerade in einer erbitterten innenpolitischen Auseinandersetzung mit seiner Schwester Kleopatra; das Letzte, was er riskieren konnte, war, dass die Römer ihren Bürgerkrieg in Ägypten fortsetzten und er zwischen die Fronten geriet – zumal Caesar, wie er erfuhr, Pompeius auf den Fersen war und nur noch wenige Tage von Alexandria entfernt. Also entschied der jugendliche König, aufs erfolgversprechendere Pferd zu setzen, und das hieß Caesar. Als Pompeius mit seiner Galeere eintraf und mit einem kleineren Boot an Land gerudert wurde, hieben ihm Ptolemaios' Schergen noch auf See den Kopf ab.

Ein paar Tage später traf Caesar ein, und der stolze Ptolemaios hatte ein ganz besonderes Willkommensgeschenk für ihn: den Kopf und den Siegelring des Pompeius. Leider war Caesars Reaktion eine ganz andere als die erhoffte: Er wandte sich angewidert ab und soll sogar in Tränen ausgebrochen sein. Natürlich war es ein unerhörter Affront, dass ein ausländischer Herrscher einen römischen Feldherrn ermorden ließ und dann auch noch stolz dessen Kopf als Trophäe präsentierte. Als Symbol der Wiedergutmachung ließ Caesar seinen Rivalen ordnungsgemäß bestatten – dennoch bleibt fraglich, ob Caesars Tränen (wenn sie nicht nur eine Legende sind) wirklich der Person des Pompeius galten, oder ob er nicht vielmehr die vertane Chance betrauerte, seinem größten Feind (nachdem er ihn gefangen genommen hätte) in aller Öffentlich-

*Bärtige Ptolemäer mit Turban und ein wehrhaft dreinblickender Pompeius:
Stich aus Carl von Rottecks „Bilder-Gallerie zur allgemeinen Weltgeschichte",
Karlsruhe/Freiburg 1842*

keit Gnade zu gewähren und sich so beim Volk und sogar allen seinen verbleibenden Gegnern in ein besseres Licht zu setzen. Das wäre auf jeden Fall ein richtiggehender Coup gewesen.

Pompeius' angebliche letzte Worte – ein Sophokles-Zitat:

Wer sich zu einem Tyrann begibt, wird zum Sklaven, auch wenn er als freier Mann wieder geht.

(Quelle: Sophokles, fr. 873 P)

Kleopatra in Rom

*Drei Tage lang fanden sportliche Wettkämpfe statt in einem Stadion, das
eigens dafür auf dem Marsfeld errichtet wurde. Auf einem künstlichen
See [...] wurde eine Seeschlacht inszeniert, zwischen stark bemannten
tyrischen und ägyptischen Schiffen mit zwei, drei oder vier Ruderreihen. So
viele Besucher strömten zu diesen Spektakeln von überall her, dass viele
gezwungen waren, in Zelten zu schlafen, die sie auf den Straßen oder am
Wegesrand aufschlugen, und oft war der Andrang so groß, dass Menschen
einfach totgequetscht wurden.*

(Quelle: Sueton, Iul. 39)

Kleopatra VII. ist die berühmteste Vertreterin der ptolemäischen Dynas-
tie, die in der Nachfolge Alexanders des Großen jahrhundertelang Ägypten regierte – bis die Römer kamen und Ägypten eroberten. Den ersten
Schritt dazu unternahm Gaius Julius Caesar. Kleopatra befand sich
mitten in einem Machtkampf mit ihrem Bruder, den ihr verstorbener
Vater ihr zum Mitregenten bestimmt hatte, der aber alle Macht an sich
reißen wollte. Der Zufall wollte es, dass der Kampf gegen Pompeius im
Bürgerkrieg Caesar zur selben Zeit, im Oktober 48 v. Chr., nach Alexandria führte; er half Kleopatra, ihren Bruder zu besiegen, und setzte sie
als Herrscherin ein. Zur Provinz machte er Ägypten indes nicht, er ließ
ihr nur ein paar seiner Legionen da, zur „Unterstützung". Schon deshalb
war für viele Römer war klar: Die Fremde hatte Caesar so becirct, vielleicht
sogar verzaubert, dass er ihr seither in Liebe verfallen war – daran änderte
auch nichts, dass er mit ihrer Hilfe Ägypten quasi unter römische Kontrolle
gebracht hatte. Die berühmte Szene aus dem Film mit Elizabeth Taylor,
in der sich Kleopatra in einen Teppich eingewickelt zu Caesar in den
Palast schmuggeln lässt, ist tatsächlich so überliefert.

Die Nachricht dieser verhängnisvollen Liebschaft verbreitete sich in
Rom wie ein Lauffeuer, und der Skandal war perfekt: Schließlich war
Caesar seit zwölf Jahren mit seiner dritten Frau Calpurnia verheiratet.
Und auch Kleopatra hatte zumindest offiziell einen Ehemann: ihren

anderen Bruder, gerade einmal zwölf Jahre alt, der zugleich ihr Mitregent war (so war es bei den Ptolemäern Sitte). Zu dieser Zeit war Julius Caesar fast 60, Kleopatra Anfang 20. Und um alles noch schlimmer zu machen, brachte sie schon bald einen Sohn zur Welt. Sein Vater war Caesar, und er erhielt den Beinamen Kaisarion, „kleiner Caesar".

Wirklich hoch schlugen die Wellen der öffentlichen Empörung dann im folgenden Herbst, 46 v. Chr., als Kleopatra tatsächlich die Frechheit besaß, Rom mitsamt ihrem großen königlichen Gefolge einen Besuch abzustatten, und Caesar die womöglich noch größere Frechheit, sie in einer seiner eigenen Stadtvillen einzuquartieren. Der umfangreiche Hofstaat

> „Ich kann mich nur ärgern, wenn ich mich an den Hochmut der Königin erinnere, als sie in den Gärten jenseits des Tibers wohnte."
>
> *Cicero*

und das prunkvolle Auftreten Kleopatras, deren Land durch seine Bodenschätze, vor allem Gold, als reichstes Land der Welt galt, brachte Republikaner wie Cicero auf die Palme und sorgte für Unmut unter den Römern, denn immerhin galt Ägypten, auch wenn es noch keine römische Provinz war, als unterjocht. Immerhin besaß Caesar genug Anstand, um während des „Staatsbesuchs" nicht ebenfalls im luxuriösen Haus jenseits des Tibers zu wohnen. Aber nichts hielt ihn davon ab, dem staunenden Volk den kleinen Kaisarion vorzustellen, seinen einzigen Sohn. Natürlich besaß Kaisarion nach römischem Recht keinerlei Anspruch auf Caesars Erbe, aber die Symbolkraft war immens. Das Nicht-Römische wurde in Rom schon immer kritisch beäugt, jeder, der kein Römer war, war ein Barbar. Und jetzt hatte derjenige Politiker, der sich erst kürzlich entgegen aller republikanischen Prinzipien zum Alleinherrscher des Imperiums hatte ernennen lassen, mit einer barbarischen Königin ein Kind gezeugt. So beliebt Caesar beim Volk auch war, das ging zu weit. Die Tatsache, dass die Ausländerin mit ihrem eigenen Bruder verheiratet war, schien den negativen Einfluss alles Nicht-Römischen zu bestätigen; dass die Geschwisterehe eine von den alten Pharaonen übernommene Sitte war, die der Stärkung von Dynastien diente und eher symbolischen Charakter hatte, wird dem gemeinen Römer kaum zu erklären gewesen sein.

Was Caesars Motivation betrifft, Kleopatra einzuladen (man kann davon ausgehen, dass sie nicht auf eigene Faust nach Rom kam), so kann es durchaus sein, dass er sich einfach revanchieren wollte: Anderthalb Jahre zuvor hatte sie mit ihm auf einer luxuriösen Nilkreuzfahrt eindrücklich den Reichtum ihres Landes präsentiert. Jetzt zeigte Caesar Kleopatra Rom – die Stadt war schmutzig, quirlig und ungeordnet, kein Vergleich mit dem am Reißbrett entstandenen Alexandria und seinen breiten Boulevards, aber sie war nichts weniger als das Machtzentrum der Welt. Nicht ganz zufällig wurde sie während ihres Aufenthalts Zeuge der größten (friedlichen) Demonstration dieser Macht, die Rom zu bieten hatte: des Triumphzugs. An vier aufeinanderfolgenden Tagen wurden ganze vier Triumphzüge abgehalten, die den Sieg Roms über einige der mächtigsten Völker auf drei Kontinenten feierten. Kleopatra war Caesars Ehrengast, auch wenn wir nicht wissen, ob sie sich das Schauspiel mit eigenen Augen ansah. Immerhin war eines der Völker, dessen Unterjochung man feierte, ihr eigenes: Ägypten.

Der Skandal brachte eine Menge Klatschgeschichten und auch politische Spekulationen mit sich. Dass er sich von Calpurnia scheiden lassen wolle, um Kleopatra zu heiraten, war noch eines der harmlosesten Gerüchte. Manche erzählten sich, Caesar plane ein neues Gesetz, das Vielweiberei erlaube, um seinen Sohn zum Erben machen zu können; andere glaubten gar, er werde sich nun tatsächlich zum König von Rom ausrufen lassen (was viele tatsächlich schon im Zuge seiner Ernennung zum Diktator befürchtet hatten oder sogar bereits, als er den Rubikon überschritt). Auf jeden Fall erhielten seine Gegner durch die Angelegenheit Aufwind und eineinhalb Jahre später wurde Caesar von seinen politischen Feinden umgebracht. Kleopatra wickelte sich bald den nächsten aufstrebenden römischen Politiker um den Finger: Marcus Antonius. Was Kaisarion betrifft, er überlebte seinen Vater nur um 14 Jahre; nach dem Tod seiner Mutter wurde auch er auf Geheiß Octavians, der ihn als Rivalen um Caesars Erbe fürchtete, ermordet.

Antonius im Reich der Sinne

Als nach Ceasars Tod der Machtkampf um die Vorherrschaft in Rom begann, sah es zunächst so aus, als würde Marcus Antonius das Rennen machen – bis der junge Octavian auf den Plan trat, den Caesar zu seinem Erben eingesetzt hatte. Worin Antonius Caesar aber folgte, war in seiner Leidenschaft für Kleopatra. Antonius war, wie Caesar, verheiratet, als er Kleopatra kennenlernte, doch das war für sie kein Hindernis: Sie wollte ihn, und sie bekam ihn.

Kleopatra bot dem Römer neben den üblichen Verlockungen des reichen Ägyptens mit seinem Gold, Glanz und Geschmeide nicht zuletzt auch ausgefallene sexuelle Erlebnisse. Sie ließ effeminierte junge Männer für ihn tanzen, führte ihm Konkubinen zu, und in einer besonders berüchtigten Episode ließ sie „seinen Privatsekretär Lucius Plancus beim Gelage auf den Knien tanzen, in der Rolle des Meeresgotts Glaukos – vollständig nackt und mit blau angemaltem Körper, mit einem Fischschwanz versehen und auf dem Kopf eine Krone aus Schilf" (Vell. 2.83.2). Ein überlieferter Brief von Antonius an Octavian lässt vermuten, dass Letzterer ihm in puncto sexueller Ausschweifungen kaum nachstand; auch bei Octavian berichten Quellen, seine Frau habe ihm junge Frauen „besorgt" und zur Mittagszeit in sein Schlafzimmer geführt. Doch war er dabei um einiges diskreter als Antonius, der (wie weiland Caesar) mit Kleopatra Kinder zeugte und stolz in der Öffentlichkeit präsentierte. Mag sein, dass er sogar tatsächlich der Meinung war, mit ihr eine rechtsgültige Ehe eingegangen zu sein, wie es der erwähnte Brief nahelegt. Er ging dabei sogar noch weiter als Caesar: Bei einer großen öffentlichen Zeremonie im Gymnasion von Alexandria erklärte er Kleopatra und Kaisarion zu König und Königin u. a. von Ägypten, Zypern und Libyen; seine Söhne mit Kleopatra rief er als „Könige von Königen" aus, die u. a. Phönizien, Syrien, Kilikien und Parthien (das noch gar nicht erobert war) regieren sollten (App. civ. 5.135). Zwar war Antonius zu diesem Zeitpunkt nominell für den Osten des Römischen Reichs verantwortlich, aber die Kontrolle über römische Provinzen an Barbaren zu übertragen – das war für die Römer mehr als skandalös.

Anders als im Falle Caesars gelang es Kleopatra tatsächlich, den aufstrebenden Stern am politischen Himmel komplett von sich abhängig zu machen. Nur leider hatte sie auf das falsche Pferd gesetzt: Statt Antonius machte Octavian das Rennen, der ihre und Antonius' Flotte 31. v. Chr. vor Actium besiegte und als „Augustus" Herrscher über das ganze Römische Reich wurde. Nach der Schlacht starben Antonius und Kleopatra in Alexandria; ob durch Selbstmord oder Mord ist bis heute nicht ganz klar.

Aus einem Brief von Antonius an Octavian:

Was findest du so schlimm? Dass ich es mit Königin Kleopatra treibe? Sie ist meine Ehefrau. Ich habe doch nicht erst jetzt damit angefangen, sondern schon vor 9 Jahren. Und du, du treibst es also nur mit Drusilla? Viel Glück, falls du es, wenn du das hier liest, nicht auch mit Tertulla oder Terentilla oder Rufilla oder Salvia Titisenia oder all diesen zugleich treibst. Kommt es denn darauf an, wohin oder in wen du deine Erektion steckst?

(Quelle: Sueton, Aug. 69)

MORD UND TOTSCHLAG MIT SYSTEM

Der menschliche Körper enthält sechs Liter
Blut: genug, um eine große Wohnung
anzustreichen.

Robert Harris

*

Die Existenz des Soldaten ist neben der
der Todesstrafe das schmerzlichste Über-
bleibsel der Barbarei, das es unter den
Menschen gibt.

Alfred de Vigny

Sokrates muss sterben

Es gibt mancherlei Arten von Schierling, und gewöhnlich findet das Schicksal eine Gelegenheit, dem Freigeiste einen Becher dieses Giftgetränkes an die Lippen zu setzen – um ihn zu „strafen", wie dann alle Welt sagt. Was tun dann die Frauen um ihn? Sie werden schreien und wehklagen und vielleicht die Sonnenuntergangs-Ruhe des Denkers stören: wie sie es im Gefängnis von Athen taten. „O Kriton, heiße doch jemanden diese Weiber da fortführen!", sagte endlich Sokrates.

(Quelle: Friedrich Nietzsche, Menschliches, Allzumenschliches, in: Werke in drei Bänden. München 1954, Band 1, S. 663)

Es war ein echter Schock für seine Schüler, Freunde, für viele andere Intellektuelle, als Sokrates, der bedeutendste Denker seiner Zeit, zum Tode verurteilt wurde. Ein Skandal, an dem Sokrates indes selbst auch nicht ganz unschuldig war – auch wenn er der Verbrechen, die ihm vorgeworfen wurden, sicherlich nicht schuldig war. Aber von Anfang an.

Sokrates war Philosoph. Das bedeutete zunächst, dass seine Beschäftigung darin bestand, mit anderen Menschen, vor allem seinen Schülern, zu reden und philosophische Themen zu erörtern. Einer seiner Schüler, Platon, veröffentlichte später eine ganze Reihe der so entstandenen „Dialoge". Eigene Schriften sind von Sokrates nicht erhalten. Vielleicht ließ Sokrates sich von seinen Schülern bezahlen; womit er sich, seine Frau Xanthippe und ihre drei Kinder ernährte, wissen wir nicht genau. Einiges deutet auch darauf hin, dass seine Familie wohlhabend war, er vielleicht deshalb keiner geregelten Beschäftigung nachgehen musste.

Dass Sokrates Philosoph war, war natürlich nicht wirklich ungewöhnlich. Philosophen gab es lange vor und lange nach ihm. Was an Sokrates so besonders war, das war seine Heran-

---

Steckbrief: SOKRATES
Name: Sokrates
Daten: 469–399 v. Chr.
Wohnort: Athen
Beschäftigung: Philosoph
Broterwerb: unklar
Ehefrau: Xanthippe
Bekannte Schüler: Platon, Xenophon

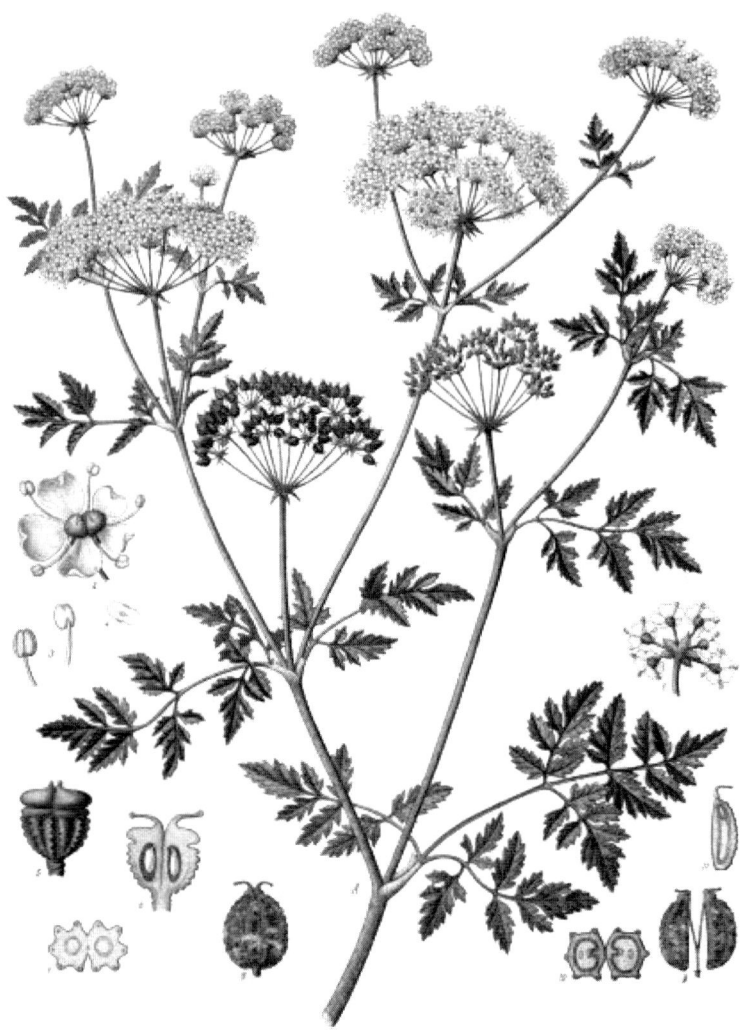

Hiermit wurde Sokrates (wie viele andere auch) umgebracht: Gefleckter Schierling (Conium maculatum), dessen Giftstoff, das Coniin, die Flüssigkeit im „Schierlingsbecher" so giftig machte (nach Köhler's Medizinal-Pflanzen, 1887)

gehensweise an die Philosophie, sein Grundkonzept sozusagen: Es ging ihm darum , allgemein anerkannte Gewissheiten zu hinterfragen. Insofern war ihm nichts heilig – alles wurde überprüft und untersucht, vor allem im Bereich der Ethik: Was ist eigentlich Frömmigkeit? Was ist Tapferkeit? Was Gerechtigkeit? Besonders berühmt wurde sein Satz: „Ich weiß, dass ich nicht weiß." Meist wird er jedoch falsch übersetzt – Sokrates sagte nämlich nicht, dass er *nichts* wisse, vielmehr wollte er darauf hinweisen, dass man alles bezweifeln könne und müsse, um vielleicht am Ende zur Wahrheit zu gelangen. Patentrezepte konnte und wollte Sokrates nicht liefern. Stattdessen dürfe man, so Sokrates, sich auf nichts verlassen. Auch und gerade nicht auf den Staat und seine Institutionen. Und genau das wurde ihm zum Verhängnis.

Dass Sokrates nämlich verurteilt wurde, und zwar wegen „Asebie", wegen Gottlosigkeit, war für die Öffentlichkeit Athens gar nicht der eigentliche Skandal (das war er nur für seine Vertrauten). Skandalös war vielmehr Sokrates' Auftritt vor Gericht. Man muss hier daran denken, dass das Ganze kurz nach dem Peloponnesischen Krieg (431–404 v. Chr.) stattfand, bei dem Athen Sparta unterlag. Menschen, die die Öffentlichkeit verunsicherten, waren nicht sehr gefragt – wie vielleicht nach jedem schwierigen und langwierigen Krieg. Und Sokrates war schon in den Jahren vor seiner Anklage unangenehm aufgefallen, als er sich z. B. weigerte, daran mitzuwirken, einen offensichtlich unschuldigen Regime-kritiker zum Tode zu verurteilen. Zwar war die Tyrannei der sogenannten „Herrschaft der Dreißig" um 403 v. Chr. beendet, aber auch den neuen Machthabern war der Freigeist Sokrates ein Dorn im Auge: Der Staat erhob Anklage wegen Gotteslästerung; Sokrates, so der Vorwurf, erkenne die Staatsgötter nicht an, und mit dem, was er auf offener Straße lehre, verführe er die Jugend.

Vor Gericht verlangte Sokrates, freigesprochen zu werden. Er sagte, er werde es nicht akzeptieren, dass man ihm verböte, mit der Philosophie aufzuhören oder auch ins Exil zu gehen. Das Urteil war nicht allzu deut-lich: Mit 281 zu 220 Stimmen wurde er von den Geschworenen schuldig gesprochen. Was das für Sokrates bedeutete, war zu diesem Zeitpunkt noch offen. Der attischen Rechtsprechung zufolge durfte nämlich ein schuldig Gesprochener entgegen dem Antrag des Staates eine alternative Strafe beantragen. Über diese wurde dann erneut abgestimmt; dies gab dem Gericht die Möglichkeit, nicht ganz eindeutige Urteile zumindest durch ein geringeres Strafmaß abzufedern.

Und nun folgte der eigentliche Skandal: Anstatt der Hinrichtung, die der Staat in Sokrates' Fall verlangte, beantragte dieser nicht etwa eine Geldstrafe, wie es wohl zu erwarten gewesen wäre – er stellte den Antrag, zur „Strafe" öffentlich geehrt zu werden wie ein Olympiasieger, indem er sein Leben lang gratis im Prytaneion verköstigt würde. Bei der nun folgenden Abstimmung kam es, wie es kommen musste: Eine große Mehrheit der Geschworenen stimmte für die Todesstrafe. Eigentlich blieb dem Gericht nichts weiter übrig, wollte es sich nicht lächerlich machen.

Heutzutage gilt Sokrates' Verurteilung geradezu als Musterbeispiel eines Fehlurteils. Man muss allerdings beachten, dass eine Anklage wegen Gotteslästerung gerade in den Kulturen der Antike von ziemlichem Gewicht war. Konnten die Geschworenen, auch wenn sie noch so aufge-klärt waren, denn wissen, ob die Götter sie nicht strafen würden, wenn sie einen Mann, der sie verspottet hatte, laufen ließen? Geschweige denn wie einen Olympioniken ehrten? Sicherlich tat man besser daran, ihn zu bestrafen – und wenn schon nicht so hart wie möglich, dann doch zumin-dest ein wenig.

Einen Monat lang musste Sokrates auf die Vollstreckung des Todes-urteils warten. Alle Pläne seiner Freunde, die ihm zur Flucht verhelfen wollten, schlug er aus. Wenn man ein rechtskräftiges Urteil nicht achte, so Sokrates, stelle man die gesamte Rechtsprechung infrage. Als schließ-lich der Mann kam, der ihm den giftigen Schierlingsbecher brachte, leerte Sokrates ihn in einem Zug.

Platon und Lukian zu Sokrates' Tod

Kriton winkte dem Jungen, der neben ihm stand, der ging hinaus und kam nach einer Weile wieder mit dem Mann, der ihm den Trank überreichen sollte, schon fertig zubereitet in einem Becher. Als nun Sokrates den Mann sah, sagte er: „Sprich, mein Bester, da du dich doch auskennst: Wie muss man das jetzt machen?"

„Nichts weiter", sagte dieser, „als trinken und danach umhergehen, bis dir ein Gefühl der Schwere in die Schenkel fährt; danach legst du dich hin. Dann wird es schon wirken."

Und gleichzeitig mit diesen Worten überreichte er Sokrates den Becher. Der nahm ihn mit freundlicher Miene, oh Echekrates. Und ohne zu zittern oder bleich im Gesicht zu werden, sondern so wie sonst auch sah er den Mann geradeheraus an und fragte ihn: „Was sagst du, ob man von diesem Trank auch ein Trankopfer darbringen kann? Oder lieber nicht?"

„Gerade so viel", sagte der, „bereiten wir zu, Sokrates, wie wir glauben, dass es ausreicht."

„Ich verstehe", sagte dieser. „Aber zu den Göttern beten darf ich doch wohl (und das ist nötig), damit mein Weg von hier nach dort ein glücklicher ist: Also bete ich jetzt, und es möge geschehen."

Zugleich mit diesen Worten hob er den Becher an die Lippen, und er trank ihn mit gelassener Miene und ohne Zögern aus.

Die meisten von uns hatten sich bis dahin zusammenreißen können und nicht geweint. Aber als wir nun sahen, wie er den Becher austrank, konnten wir nicht mehr an uns halten, und auch mir liefen die Tränen mit Gewalt, nicht als einzelne Tropfen, und ich musste mich abwenden und heftig weinen – aber nicht seinetwegen, sondern meinetwegen, da ich einen so guten Freund verlor. Kriton hatte sich sogar noch vor mir abgewandt, weil er seine Tränen nicht zurückhalten konnte. Aber Apollodoros, der schon in der Zeit zuvor ununterbrochen geweint hatte, brüllte nun beim Weinen laut los und erschütterte uns alle mit seiner Wut – außer Sokrates.

Der sagte: „Was tut ihr denn, ihr wundersamen Männer! Aus genau dem Grund habe ich doch die Frauen fortgeschickt, damit sie nicht diesen Fehler machen! Denn ich habe gehört, dass man unter glückverheißenden Worten sterben soll. Also hört auf zu jammern und reißt euch zusammen!"

Und als wir das hörten, da schämten wir uns und hörten auf zu weinen. Er aber ging umher, und als er sagte, ihm würden die Beine schwer, da legte er sich rücklings auf die Liege – dazu hatte der Mann ihn schließlich angewiesen. Dann berührte der Mann, der ihm das Gift verabreicht hatte, hin und wieder die Füße und die Beine. Er drückte seinen Fuß etwas stärker und fragte ihn, ob er das spüre. Er verneinte es. Danach die Knie, und dann immer höher, und er selbst zeigte uns, wie sein Körper nach und nach kalt und hart wurde. Dann berührte er ihn nochmals und sagte uns, er werde sie verlassen, wenn es ihm bis ans Herz ginge.

(Quelle: Platon, Phaid. 117a–118a)

Menippos: Vetter Kerberos, weil ich doch auch zum Hundegeschlecht gehöre, so sage mir, um der Verwandtschaft willen, sage mir, ich beschwöre dich beim Styx, wie betrug sich Sokrates, da er zu euch herabkam? Denn da du ein Gott bist, musst du natürlicherweise mehr als bellen und, sobald es dir beliebt, auch in menschlicher Sprache dich vernehmen lassen können.

Kerberos: Von ferne, lieber Menippos, schien er allerdings mit unverändertem Gesichte heranzukommen und denen, die außerhalb der Mündung des Tartaros standen, zeigen zu wollen, dass er sich ganz und gar nicht vor dem Tode fürchte. Sobald er aber wirklich in den Schlund hinabsank und sah, wie finster es da ist, und wie ich ihn, da er mir's des Schierlings wegen zu lange machte, in den Fuß biss und vollends hereinzog, da wimmerte er wie ein kleines Kind, fing eine große Wehklage um seine eigenen Kinder an und schnitt die seltsamsten Gesichter von der Welt.

Menippos: Der Mann war also doch wohl am Ende nur ein Sophist, und seine Verachtung des Todes eine bloße Grimasse?

Kerberos: Nichts weiter! Wie er sah, dass es nun einmal gestorben sein musste, machte er den Großherzigen und tat, als ob er sich freiwillig gefallen ließe, was er zu leiden schlechterdings genötigt war, und das – um von den Zuschauern bewundert zu werden.

(Quelle: Lukian. dial. mort. 117a–118a)

Der Tod der Philosophen

Zahlreiche große Denker des alten Griechenland hat ein außergewöhnlicher Tod ereilt. Natürlich gehört viel davon ins Reich der Legende und der nachträglichen Verklärung – so soll es zum Beispiel von übermenschlicher Willenskraft zeugen, dass jemand sich selbst das Leben nimmt, indem er die Luft anhält. Das ist natürlich vollkommen unmöglich. Hier ein paar Beispiele:

Thales von Milet	ca. 624–ca. 547 v. Chr.	Dehydrierte in der Hitze als Zuschauer einer Sportveranstaltung
Empedokles	ca. 495–ca. 435 v. Chr.	Sprang in den Krater des Ätna
Protagoras	490–411 v. Chr	Starb bei einem Schiffsunglück
Isokrates	436–338 v. Chr	Hungerte sich zu Tode
Diogenes	ca. 400–324 v. Chr.	Starb beim Essen eines noch lebenden Tintenfischs oder durch Luftanhalten
Metrokles	ca. 360–300 v. Chr.	Starb durch Luftanhalten
Epikur	ca. 341–271 v. Chr.	Nieren- oder Harnstein
Menedemos	ca. 350–ca. 270 v. Chr.	Hungerte sich zu Tode
Zenon von Kition	ca. 333–262 v. Chr.	Erwürgte sich selbst
Menippos von Gadara	ca. 330–260 v. Chr.	Erhängte sich, nachdem man ihn um all sein Geld betrogen hatte
Dionysios von Heraklea	ca. 330–250 v. Chr.	Hungerte sich zu Tode
Kleanthes	ca. 331–ca. 232 v. Chr.	Hungerte sich zu Tode
Chrysippos von Soloi	ca. 281–ca. 208 v. Chr.	Lachte sich tot, als er sah, wie sein Esel versuchte Feigen zu essen, nachdem er ihn betrunken gemacht hatte

Grausames Kolosseum

Der Mensch sieht gerne zu, wie andere Menschen sterben. Das lässt sich von der öffentlichen Hinrichtung im alten Orient bis hin zum TV-Krimi verfolgen. Sei es, dass wir uns sicherer oder lebendiger fühlen, wenn jemand anderes sein Leben lässt, sei es, dass dem Menschen einfach ein gewisser Blutdurst innewohnt. Natürlich bilden wir uns heute gerne ein, dass der Konsum von Tod und Verderben über den Fernsehschirm oder die Kinoleinwand etwas ganz anderes ist, als live dabei zu sein, und somit ist das, was in diesem Kapitel dargestellt wird, ein weiterer Aspekt der römischen Kultur, der unserer heutigen aufgeklärten Zeit skandalös erscheint, für die damaligen Menschen aber ganz normal war. Doch ist das tatsächlich so? Immerhin gibt es bei jedem Unfall auf der Autobahn auf der Gegenfahrbahn Stau, weil alle nur einmal kurz gucken wollen – vom Katastrophentourismus ganz zu schweigen. Schon Reinhard Fendrich beschrieb sarkastisch, aber nicht ohne ein Fünkchen Wahrheit, was uns an Formel 1 eigentlich so fasziniert: „Autorennen sind da sehr gefragt, weil hier und da sich einer überschlagt." Und auch sein Hinweis auf die blutüberströmten Gesichter der Boxer geht nicht fehl – wer möchte da behaupten, dass heute im Namen der Unterhaltung kein Blut mehr fließt?

Eine besonders deutliche Ausprägung erfuhr der Hang des Menschen, gerne Zeuge fremden Leids zu sein, im alten Rom, und ein Gebäude steht geradezu als Synonym dafür: das Kolosseum. Gebaut wurde es in den 70er Jahren n. Chr., und schon bald darauf gab es eine ganze Schwemme von Nachbauten im Römischen Reich. Im Kolosseum (wie auch in den anderen Arenen) fand ab Kaiser Titus nun ein Teil der „Spiele" statt – unter dieser Bezeichnung lässt sich alles zusammenfassen, was im Römischen Reich zur Belustigung der Massen an den *dies festi*, den Feiertagen, dargeboten wurde. Solche Feiertage gab es in großer Zahl, und sie waren auch nötig: Immerhin kannten die Römer keine Sonntagsruhe; nur an den Festtagen hatte man frei. Es gab im Kalender feste Termine dafür, und wenn ein Feldherr siegreich von einer Schlacht zurückkam, gab es auch hin und wieder ein paar freie Tage außer der Reihe. Um an diesen Tagen das städtische Volk zu beschäftigen, gab es (neben kostenlosem Getreide) Wagenrennen im Circus Maximus – und im Kolosseum Darbietungen, die um einiges blutiger waren: Gladiatorenkämpfe und Tierhetzen.

Die Gladiatoren waren die unumstrittenen Superstars des alten Rom. Ihre Namen wurden auf Häuserwände gekritzelt, sie hatten Fans, Verehrerinnen … Doch lange genießen konnten sie ihren Ruhm kaum: Im Durchschnitt erlebten sie nicht einmal ihren 23. Geburtstag. Zwar endete bei Weitem nicht jeder Gladiatorenkampf mit dem Tod eines der beiden Kämpfer, aber dennoch war es eine lebensgefährliche Angelegenheit. Der für uns berühmteste Gladiator war sicherlich Spartacus, der ein Sklavenheer (erfolglos) zum Aufstand führte, aber beileibe nicht alle Gladiatoren waren Sklaven. Auch viele freie Bürger entschieden sich für diesen Karriereweg: Immerhin winkten trotz aller Gefahren Ruhm und Reichtum.

> „Ich war nicht der Beste, weil ich schnell getötet habe. Ich war der Beste, weil die Menge mich liebte."
> Oliver Reed in Gladiator (2000)

Bevor es das Kolosseum gab, fanden die Gladiatorenkämpfe in Rom auf dem Forum Boarium, dem Viehmarkt am Circus Maximus, und später auch auf dem Forum Romanum statt – das zeigt bereits, dass sie in die Mitte der Gesellschaft gehörten. Auch im Circus Maximus selbst traten manchmal Gladiatoren auf, vor bis zu 250.000 Zuschauern. Dort wurden mitunter auch die später ebenfalls ins Kolosseum verlegten Tierhetzen veranstaltet; diese waren allerdings nie ganz so populär wie die Gladiatorenkämpfe und oft fanden sie sozusagen im Vorprogramm der Spiele statt. Und dann gab es da noch die Hinrichtungen, bei denen Verurteilte wilden Tieren zum Fraß vorgeworfen wurden – sozusagen das Gegenteil der Tierhetzen. Bei all diesen Veranstaltungen floss Blut, und bei allen saßen jubelnde Zuschauer auf den Rängen, die nicht genug davon bekommen konnten. Es gab zwar auch kritische Stimmen, vor allem aus der intellektuellen Oberschicht, aber sie fanden kaum Gehör. Vor allem nicht bei den Mächtigen, die solche Spiele als Veranstalter gezielt einzusetzen wussten, weil sie sie beim Volk beliebt machten und somit auf geradezu vorbildliche Weise als Propagandainstrument taugten – der Eintritt bei Spielen und Wagenrennen war natürlich frei, finanziert wurden sie von den Initiatoren.

Dass die Geste „Daumen runter" tatsächlich den Tod bedeutete, ist fest im Volks-glauben verankert, wird aber heute bezweifelt – es könnte auch „Daumen hoch" gewesen sein: Jean-Léon Gérôme, „Pollice verso", Öl auf Leinwand, 1872; Phoenix Art Museum

Die Christen waren ebenfalls Gegner dieser Veranstaltungen. Im Jahre 404 n. Chr. (das Christentum war bereits seit 24 Jahren römische Staats-religion) kam es im Kolosseum zu einem geradezu skandalösen Zwischen-fall, als ein christlicher Mönch namens Telemachos, ganz in weiß geklei-det, während eines laufenden Gladiatorenkampfs in die Arena sprang. Der Mann rief lautstark, man solle mit den Kämpfen aufhören. Er wurde vom aufgebrachten Publikum gesteinigt.

Seinen letzten Skandal erlebte das Kolosseum 2012/13, als sich der italienische Staat und die Stadt weigerten, das nötige Geld für eine drin-gend nötige Restaurierung dieses Wahrzeichens Roms auszugeben (in den Jahren zuvor war mehrmals ein Stein in der Fassade heruntergefal-len und hatte es jedes Mal auf die Titelseiten der Zeitungen geschafft). Stattdessen rief die Verwaltung private Investoren dazu auf, Geld bereit-zustellen – und das, obwohl das Kolosseum Jahr für Jahr von fünf Milli-onen Besuchern betreten wird, die alles in allem 50 Millionen Euro

Eintrittsgeld dalassen. Als dann tatsächlich ein Modefabrikant bereit war, 25 Millionen in die längst überfälligen Arbeiten zu stecken, und sogar versprach, das Kolosseum könne während der drei Jahre dauernden Restaurierung für das Publikum geöffnet bleiben, gab es wiederum Proteste aus der römischen Bevölkerung, und Verbraucherschützer stoppten die Arbeiten sogar – man befürchtete, der Sponsor werde das eingerüstete Kolosseum mit Werbeplakaten behängen. Noch ist das indes nicht passiert, und wenn dafür dieses einzigartige Baudenkmal erhalten bleibt, wäre es sicherlich das kleinste Problem.

Die Hooligans von Pompeji

Immer wieder vergleicht man die Gladiatoren Roms, was Bekanntheit und Starkult angeht, mit den heutigen Fußballern. Das musste auch Russell Crowe erfahren, als er zehn Jahre, nachdem er durch Ridley Scotts *Gladiator* bekannt geworden war, das Kolosseum besuchte und Italiens Starfußballer Francesco Totti ihm die Show stahl. Auch wenn beim Fußball nicht so viele Sportler sterben, war das Drumherum der Kämpfe demjenigen beim heutigen Fußball tatsächlich nicht ganz unähnlich. Die Fans einzelner Gladiatoren taten sich zu Fanclubs zusammen, und nicht selten kam es dabei zu tätlichen Auseinandersetzungen zwischen den einzelnen „Vereinen".

Tacitus beschreibt in seinen *Annalen*, wie im Jahre 59 n. Chr. zwei solche Fanblocks in Pompeji aneinandergerieten: Anlässlich von Wettkämpfen waren Gladiatoren aus dem kampanischen Nuceria angereist, mitsamt einer ganzen Reihe Anhänger. Als die Pompejaner die Spiele gewannen, gab es Reibereien zwischen den Fans der beiden Städte, und am Ende kam es auf den Straßen Pompejis zu blutigen Auseinandersetzungen, bei denen es sogar „zahlreiche Tote" gab, wie Tacitus schreibt. Der Fall wurde vor den römischen Senat gebracht, und der Stadt Pompeji wurden solche Spiele für einen Zeitraum von zehn Jahren verboten. Dass der römische Senat das Verbot nach drei Jahren wieder lockerte, zeigt nur, wie wichtig dem Volk solche Spiele waren – Verletzte und Tote hin oder her.

Schon die Tatsache, dass Tacitus diesen Fall erwähnt, zeigt jedoch, dass eine solche Eskalation kaum an der Tagesordnung war. Und auch dass der Senat eingeschaltete wurde, spricht dafür, dass dies eine seltene Ausnahme war. Dennoch: Ein absoluter Einzelfall wird es kaum gewesen sein, und dass die Gewalttäter hier so schnell zu den Waffen griffen, spiegelt ja letztlich nichts weiter als das, was sie gerade zuvor in der Arena gesehen hatten. Vielleicht wollte der eine oder andere einfach nur seinem Idol nacheifern – wenn auch mit den schlimmstmöglichen Folgen.

Zur selben Zeit kam es aus einem nichtigen Anlass bei einem Gladiatoren-
kampf, den Livineius Regulus veranstaltete (jener Mann, den man – wie ich
zuvor berichtet habe – aus dem Senat ausgeschlossen hatte), zu einem
furchtbaren Blutbad zwischen den Bewohnern von Nuceria Alfaterna und
denen von Pompeji. Übermütig, wie Kleinstädter so sind, griffen sie zunächst
zu Frotzeleien, dann zu Beschimpfungen, dann zu Steinen und am Ende zu
Waffen. Die Bürger Pompejis, wo die Spiele stattfanden, waren überlegen;
am Ende wurden zahlreiche verletzte Nuceriner nach Rom gebracht, Kinder
und Eltern beweinten die Toten. Wie der Vorfall zu ahnden sei, überließ der
Kaiser dem Senat, der wiederum den Konsuln. Sie gaben die Angelegenheit
den Vätern zurück, und es wurde den Pompejanern offiziell für zehn Jahre
verboten, Gladiatorenkämpfe zu veranstalten. Des Weiteren löste man die
gegen geltende Gesetze gegründeten Clubs auf; Livienus und alle, die zum
Streit aufgewiegelt hatten, wurden verbannt.

(Quelle: Tacitus, ann. 14.17)

Kein Herz für Tiere

Heute geht man in den Zoo, um sich exotische Tierarten anzusehen, die Römer gingen dazu in die Arena – mit dem Unterscheid, dass die Tiere dort getötet wurden. Im Rahmen der sogenannten *venationes* fanden im Laufe der Jahrhunderte geradezu unzählige Tiere ihr blutiges Ende, vielleicht bis zu einer Viertelmillion.

Die erste solche Tierhatz in Rom wurde der Überlieferung gemäß 186 v. Chr. veranstaltet. Anlass war ein militärischer Triumph, und schon bald wurde es zur Tradition, an Feiertagen öffentlich Tiere umbringen zu lassen. Anlässlich der Eröffnung des Kolosseums schickte Kaiser Titus binnen weniger Tage 5.000 Tiere in den Tod, und zur Feier des Triumphs über die Daker mussten für Trajan angeblich sogar 11.000 Tiere auf diese Weise ihr Leben lassen.

Ursprünglich stammte diese (Un-)Sitte aus Griechenland, und in ihrer frühesten Form bestand die *venatio* darin, dass man zusah, wie zwei Tiere einander töteten. Noch heute gibt es ja Kulturen und Subkulturen, die Hähne oder Hunde aufeinanderhetzen; dass man damals jedoch wettete, wer gewinnt, ist nicht belegt. Dazu kam bald der Kampf Mensch gegen Tier, der der Angelegenheit mehr Spannung verlieh (außerdem war so von vorneherein klar, wen man anfeuern sollte). Die dafür verwendeten Tierarten waren ganz unterschiedlich, und es waren nicht einmal alles besonders wilde oder Raubtiere: Von Löwen, Bären, Elefanten und Nashörnern geht die Liste über Stiere, Hirsche und Wildschweine bis hin zu Widdern, Hunden und sogar Hasen (!).

Die Königsdisziplin dabei war natürlich der Kampf Mensch gegen Löwe. Mit welchen Waffen die Kämpfer, die *bestiarii*, ausgestattet waren, variierte; der Diktator Sulla beispielsweise ließ eine Horde afrikanische Bogenschützen antreten, die 100 Löwen niedermachten – das sollte für eine Extraportion Exotik sorgen. Zumeist trugen sie einen Jagdspieß (*venabulum*), und tatsächlich waren die ersten *bestiarii* ausgebildete Jäger und auch Gladiatoren mit entsprechender Zusatzausbildung. Im Laufe der Zeit schickte man auch Kriegsgefangene in die Arena. Etwa ab der Zeit, als das Kolosseum eröffnet wurde, entstand eine Art Einheitstracht für die Tierhatz. Mitunter wich man davon aber wieder ab,

Szene einer venatio: *Ein Gladiator scheint einem Löwen zu unterliegen. Römisches Relief an der Fassade des Petersdoms, Rom*

z. B. wenn die Tiere vom Pferd aus erlegt wurden oder (wie es unter Claudius geschah) für das Gemetzel Soldaten in die Arena geschickt wurden. Und allgemein achtete man darauf, dass der Mensch, der gegen ein Tier antrat, „gerecht" bewaffnet war – gegen einen Elefanten brauchte man andere Waffen als gegen einen Keiler, und allzu schnell gehen durfte das Ganze natürlich auch nicht. Ein gewisser Nervenkitzel musste immer dabei sein.

Konstantin der Große war der erste römische Herrscher, der die Tierhetzen durch kaiserliches Edikt verbieten ließ. Zu seiner Zeit war die Veranstaltung von *venationes* bereits den wichtigsten Männern im Staat vorbehalten (Kaiser Commodus griff sogar selbst zum *venabulum*); besonders in der Frühzeit fanden sie an unzähligen Orten im Reich statt und konnten von jedermann inszeniert werden. Sie waren wie die Gladiatorenkämpfe ein Mittel zur politischen Einflussnahme und dienten ihren Initiatoren dazu, sich beim Volk beliebt zu machen. Trotz des konstantinischen Edikts hörten die Tierhetzen noch lange nicht auf, allzu beliebt war diese Art der Volksbelustigung. Die letzte offizielle *venatio* fand erst beinahe 200 Jahre später statt, unter Theoderich dem Großen.

Einer der wenigen, die deutliche Worte gegen Tierhetzen und die *damnatio ad bestias* fanden, war Cicero:

Wie kann sich ein Mensch bloß daran erfreuen, wenn ein schwacher Mensch von einem kräftigen Tier zerfleischt oder wenn ein prachtvolles Tier von einem Jagdspieß durchbohrt wird?

(Quelle: Cicero, fam. 7.1.3)

Kein Herz für Menschen

Zunächst müssen wir wieder mit einer Legende aufräumen: Christen wurden im Kolosseum wahrscheinlich nie den Löwen (oder anderen wilden Tieren) zum Fraß vorgeworfen. Es gibt keinerlei zeitgenössische Belege dafür, und alles sieht danach aus, als hätte man dies Gerücht schon in spätantiker Zeit gezielt gestreut, um Stimmung gegen die römischen „Heiden" zu machen. Gleichwohl fanden viele andere Menschen hier den Tod durch die *damnatio ad bestias*: Man ließ Raubtiere zu ihnen in die Arena, die man vorher hatte hungern lassen – Löwen waren natürlich wieder ganz oben auf der Liste, aber auch Elefanten, Leoparden, Panther und Stiere kamen zum Einsatz. Gut möglich, dass man (schon aus logistischen Gründen) dieselben Tiere verwendete, die man dann später bei der *venatio* wieder erlegte, mit Ausnahme vielleicht der Hunde und der Hasen.

Man nimmt an, dass die *damnatio ad bestias* ihren Ursprung in einer spirituellen oder religiösen Handlung hatte, vielleicht als Menschenopfer. In Rom diente sie zur Hinrichtung rechtskräftig Verurteilter. Sie wurden in die Arena geführt und ihrem Schicksal überlassen; mitunter bekamen sie sogar Waffen in die Hand, aber nur solche, die die Tiere gerade einmal reizen konnten und ihnen nicht wirklich schadeten – so wurde die *damnatio* zu einer Art Persiflage oder Pervertierung der *venatio*. Die Zuschauer wird es gefreut haben, denn Sinn und Zweck einer solchen Hinrichtung, in einem solchen Rahmen und an einem solchen Ort, war natürlich ausschließlich eines: die Unterhaltung der Massen.

Einen ganz konkreten Vorteil hatte die *damnatio ad bestias* darüber hinaus natürlich: Es gab keinen Scharfrichter, der sich „die Hände schmutzig machen" musste, denn die Tiere übernahmen ja die ganze Arbeit – jemand musste sie nur in die Arena lassen. Mag sein, dass diese Überlegung nicht im Vordergrund stand, als man diese Art der Hinrichtung entwickelte (wahrscheinlich im Persien des 7. Jhs. v. Chr.). Aber für Rom muss man bedenken, dass Scharfrichter (*carnifex*) der bei Weitem am Schlechtesten angesehene Beruf war. „Wenn eine den anfasst, könnte die dann nicht ebenso gut einem kranken Scharfrichter den Arsch lecken?", schreibt Catull in *carmen* 97 über einen missliebigen Zeitgenossen und greift damit zur schlimmsten Beleidigung seiner Zeit. Wie viele Männer es gab, die diesen Beruf ausübten, wissen wir nicht. Aber ein Überangebot an Henkern wird es kaum gegeben haben.

Mythen werden Wirklichkeit

Im Kolosseum wurden öfter mythische Szenen nachgestellt, und dabei galt ganz offensichtlich: je grausamer, desto besser. Ein Verurteilter wurde als nachempfundener Orpheus nicht, wie im Mythos, von Mänaden, sondern von wilden Tieren zerfleischt, einem anderen fraß, wie einst Prometheus der Adler, ein Bär die Eingeweide aus dem Leib. Und tatsächlich ging man sogar so weit, den Mythos von der Empfängnis des Minotaurus nachzuahmen: Im Mythos vereinigt sich Pasiphaë, die Frau des kretischen Königs Minos, der Poseidon die Sinne verwirrt hat, mit einem Stier; dazu lässt sie sich ein hölzernes Gestell bauen, das einer Kuh gleicht und in dem sie sich verbergen kann, bis der Stier erscheint und es zur Vereinigung kommt. Auch diese Szene stellte man im Kolosseum nach, indem man eine Frau vor den Augen zehntausender Zuschauer von einem Stier begatten ließ – sicherlich verlor die Frau dabei ihr Leben. Bei allem Verständnis für die Unterschiede in puncto Wertvorstellungen: So etwas können wir heute einfach nicht mehr nachvollziehen.

Martial beschreibt, wie ein Verbrecher in der Arena des Kolosseums einem Bären zum Fraß vorgeworfen wird – in Anspielung auf eine bekannte mythische Szene:

Wie Prometheus, an skythischen Fels geschmiedet,
immer wieder der Vogel aus der aufsässigen Brust fraß,
genauso hielt Laureolus einem kaledonischen Bären an einem
echten Kreuz die nackten Eingeweide zum Zerfleischen hin.
Die zerfetzten Glieder trieften von Blut, lebten aber noch,
am ganzen Körper war gar kein Körper mehr.
Endlich erhielt er die verdiente Strafe: Der Verbrecher hatte ‹seinem Vater›
oder seinem Herrn ein Schwert in die Kehle gerammt
oder – ein Wahnsinniger! – im Tempel verstecktes Gold geraubt
oder dich, oh Rom, mit schrecklichen Fackeln angezündet.
Die Verbrechen der alten Erzählungen hatte der Verbrecher übertroffen,
dem als Strafe nun das, was bisher nur Mythos war, wirklich geschah.
(Quelle: Martial, Spect. 7)

Hunger Games in Rom – eine besonders grausame Hinrichtung

> „Wenn die Spiele Pause machen, schlachtet man Menschen ab, damit sich keiner langweilt."
>
> *Seneca*

Eine etwas ausgefallene Methode der Römer, eine ganze Reihe Verurteilte auf einmal hinzurichten, erinnert an Suzanne Collins' Dystopie *Die Tribute von Panem* (bei der es zahlreiche Referenzen zum alten Rom gibt). Es geht um die *damnatio ad ferrum*: Diese „Verurteilung zum [Tod durch das] Eisen" fand vor Publikum statt und war Teil des Programmablaufs von Circusspielen. Es mussten zunächst zwei Delinquenten mit dem Schwert bewaffnet gegeneinander antreten, bis einer den anderen umgebracht hatte. Wollten zwei nicht gegeneinander kämpfen, dann sorgte man notfalls mit Knüppel- oder Peitschenhieben dafür, dass sie es taten. Der Sieger trat dann gegen den nächsten Delinquenten an usw. usf. Am Ende blieb naturgemäß nur einer übrig, doch anders als bei den *Hunger Games* war dieser dann nicht der gefeierte Sieger, sondern wurde – erschlagen. Was diesen Menschen vorher versprochen wurde, wissen wir nicht. Man kann sich jedoch gut vorstellen, dass ihnen vorher gesagt wurde, der letzte Überlebende würde begnadigt werden. Und das lässt das Ganze in gewisser Weise noch grausamer erscheinen.

Die beliebtesten Hinrichtungsarten in der Antike

damnatio ad bestias
Der Delinquent wurde wilden Tieren vorgeworfen. Die Strafe stammte aus Persien und wurde vom 7. Jh. v. Chr. bis ins 9. Jh. n. Chr. angewendet (bekanntestes Opfer: der biblische Daniel).

Enthauptung
Dem Delinquenten wurde mit einer Axt oder einem Schwert der Kopf abgeschlagen (bekanntestes Opfer: Cicero).

Enthäuten
Dem Delinquenten wurde mit einem Messer die Haut abgezogen, er starb an Blutverlust. Die Strafe stammte aus Assyrien und ist dort ab dem 8. Jh. v. Chr. belegt (bekanntestes Opfer: Marsyas, phrygischer Satyr).

fustuarium
Der Delinquent wurde mit einem Knüppel totgeprügelt; diese Strafe wurde vor allem in der römischen Armee gegen straffällige Soldaten eingesetzt (auf diese Weise starben auch die Soldaten, die dem aufständischen Spartacus unterlagen).

Kreuzigung
Der Verurteilte wurde an ein hölzernes Kreuz gefesselt, manchmal auch genagelt; dann wartete man, bis er tot war. Die Strafe stammte aus Phönizien; sie wurde ab ca. 1000 v. Chr. bis 313 n. Chr. eingesetzt (bekannteste Opfer: Jesus von Nazareth, Spartacus).

Lebendig begraben
Der Delinquent wurde eingegraben oder eingemauert und erstickte, verdurstete oder verhungerte. Für Rom ist diese Strafe ab dem 3. Jh. v. Chr. belegt (dieses Schicksal erwartete in Rom unkeusche Vesta-Priesterinnen).

Säckung

Der Delinquent wurde mit verschiedenen Tieren zusammen in einen Sack genäht und ins Meer geworfen. Als Tiere, die mit in den Sack kamen, sind Affen, Schlangen, Hähne, Hunde und Skorpione überliefert. Die Säckung war eine urrömische Einrichtung und galt als schlimmste Form der Bestrafung; sie wurde vor allem eingesetzt, wenn jemand seine Eltern umgebracht hatte. Angewendet wurde sie bis ins 13. Jahrhundert.

Schierlingsbecher

Der Verurteilte musste einen Becher mit Flüssigkeit aus Geflecktem Schierling trinken, dessen Gift nach und nach das Rückenmark lähmte, bis der Delinquent erstickte. Verbreitet war diese Art der Hinrichtung vor allem in Griechenland (bekanntestes Opfer: Sokrates).

Selbstmord

Äußerst beliebt an den Herrscherhöfen der Kaiserzeit war es, jemanden zum Selbstmord zu zwingen (bekannteste Opfer: Seneca, Maximian).

Steinigung

Der Delinquent wurde von mehreren Personen mit Steinen beworfen, bis er tot war. Die Strafe ist für Griechenland ab dem 5. Jh. v. Chr. belegt (bekanntestes Opfer: Lykidas).

Menschen als Ware: Sklaven

Oh Cato, eine amüsante und lustige Sache,
würdig deiner Ohren und deines Gelächters.
Lache, Cato, so sehr, wie du Catull liebst,
die Angelegenheit ist wirklich amüsant und überaus lustig.
Gerade erwischte ich den Sklaven meines Mädchens
beim Wichsen: Den habe ich, bei Dione!,
mit meiner steifen Rute bestraft.

(Quelle: Catull 56)

„Sklavenhaltergesellschaften" nannte man Griechenland und Rom in der DDR, in Anlehnung an Karl Marx. Natürlich ist es unschön, die Wiege unserer Kultur so offensiv auf eines ihrer grausamsten Kapitel zu reduzieren, aber dennoch ist etwas dran: Die ökonomische Struktur der Antike war auf die Sklaverei unbedingt angewiesen, das gilt schon für den alten Orient und Ägypten. Sehr ähnlich war im gesamten Altertum der Status von Sklaven: Sie wurden als Sache behandelt, waren das Eigentum ihrer Besitzer, die mit ihnen buchstäblich machen konnten, was sie wollten, konnten gekauft und wieder verkauft werden. Ein linguistisches Beispiel für den Status von Sklaven haben wir aus dem klassischen Griechenland, wo es neben *doúlos* noch ein weiteres Wort für „Sklave" gab: *andrápodon*, das bedeutet so viel wie „Menschenfüßler" und unterschied den Sklaven vom *tetrápodon*, dem „Vierfüßler", sprich: ein Stück Vieh – also ein Stück Vieh mit Menschenbeinen.

Das Pech, Sklave zu sein oder versklavt zu werden, konnte einem auf mehrerlei Weise widerfahren: Man konnte in die Sklaverei hineingeboren werden, denn die Kinder von Sklaven hatten zwangsläufig denselben Status, oder man konnte als Kriegsgefangener verschleppt werden, das betraf in einem eroberten Gebiet sogar Frauen und Kinder. Man konnte aber auch der sogenannten Schuldknechtschaft anheimfallen, das bedeutet (in der Kurzfassung), wenn man seine Schulden nicht bezahlen konnte, wurde man zum Sklaven des Gläubigers.

So stellte man sich im 19. Jahrhundert den Verkauf von Sklaven vor: Jean-Léon Gérôme, „Sklavenmarkt in Rom", Öl auf Leinwand, 1884; Staatliche Eremitage St. Petersburg

Am schlimmsten hatten es wohl Sklaven, die in Steinbrüchen oder Minen arbeiten mussten; allein für Griechenland sind Zahlen von mehreren zehntausend Sklaven überliefert, die sich auf diese Art und Weise oft zu Tode schuften mussten. Besser hatten es da die städtischen Sklaven:

Sie erledigten Arbeiten rund um den Haushalt, gebildete griechische Sklaven wurden in Rom als Lehrer beschäftigt. Wie wir gesehen haben, waren die meisten Prostituierten Sklavinnen, aber auch Haussklavinnen und -sklaven mussten ihren Herren vielfach sexuell zu Diensten sein – oder deren Freunden und Bekannten. Für Rom ist dies vielfach bezeugt. Man könnte auch direkter sein und sagen, sie wurden regelmäßig vergewaltigt.

In einigen Punkten muss man jedoch heute ein paar lange vorherrschende Ansichten, Vorurteile und Mythen revidieren. Das fängt schon beim alten Ägypten an: Heute geht die Forschung davon aus, dass es mitnichten Sklaven waren, die die großen Pyramiden und Tempel bauten und – wie man sich gerne vorgestellt hat – mit Peitschenhieben angetrieben wurden, um die riesigen Steine von A nach B zu bewegen. Sicherlich waren auch ein paar Sklaven dabei, aber die meisten werden ganz normale Arbeiter gewesen sein, für die es unter Umständen sogar eine Ehre war, am Bau der religiös bedeutsamen Bauwerke teilhaben zu dürfen. Wir wissen inzwischen, dass die Pyramidenbauer angemessen versorgt wurden und auch medizinische Hilfe erhielten. Daneben findet sich im ägyptischen Totenbuch unter den Leitlinien für ein gottgefälliges Leben der Hinweis, man dürfe keinen Sklaven gegenüber seinem Besitzer verleumden – das hätte so wohl kaum jemand erwartet. Ohnehin gab es im alten Ägypten gar nicht so viele Sklaven wie später in Griechenland und Rom.

Was das alte Rom betrifft, so kann man hier auch nicht alles so schwarz malen, wie man es früher gerne tat: Sklaven wurden ernährt und versorgt, schließlich kann keiner körperliche Arbeit leisten, der nicht physisch fit ist. Insofern hatten sie es besser als ein Großteil der sehr armen Landbevölkerung – zumal viele Sklaven, gerade in der Stadt, Geld bekamen, das sie sparen konnten, um sich irgendwann freizukaufen. Wenn sie nicht von ihren Herren aus anderen Gründen (oft auch testamentarisch nach dem Tod des Besitzers) freigelassen wurden. Viele dieser Freigelassenen, der *liberti*, besetzten gerade in der römischen Kaiserzeit hohe Posten und wurden sehr reich. Den armen Bauern standen solche Möglichkeiten nicht offen. Natürlich hatten sie ihre Freiheit, aber eben doch nur theoretisch. Mitunter unterlagen sie größeren Zwängen als viele Sklaven.

Durch Sex zur Sklavin geworden

Im Jahr 52 n. Chr. gab der römische Senat eine Verordnung heraus, das *senatus consultum Claudianum*, das eine ganz neue Möglichkeit darstellte, in die Sklaverei zu geraten. Der Beschluss sah vor, dass eine Römerin, die Sex mit einem Sklaven hatte, drei Mal zu verwarnen war. Wenn sie es danach immer noch nicht unterließ, wurde sie zur Sklavin desjenigen, dem dieser Sklave gehörte. Sinn und Zweck dieser Verordnung war indes nicht, die moralische Integrität der römischen Freigeborenen zu fördern; vielmehr ging es darum, das Vermögen und die Produktionsgüter des Sklavenhalters zu schützen – man war der Meinung, übermäßige sexuelle Aktivität führte dazu, dass der betreffende Sklave nicht mehr so produktiv war. Ein weiterer Punkt war die Gefahr, dass die beiden ein uneheliches Kind zeugten. Kinder aus einer solchen Verbindung galten nämlich als frei, wurden also nicht Teil der Vermögenswerte des Hausherrn. Wenn ein Sklave mit einer Sklavin ein Kind zeugte (was öfter vorkam), hatte der Halter stattdessen einen Sklaven mehr.

Die Galeere in der Arena

Ein weiterer Aspekt der römischen Sklavenhaltung, der uns heute nur allzu geläufig scheint, ist die Institution der Galeerensklaven. Spätestens durch *Ben Hur* ist uns dieses Bild vertraut: In zwei oder drei Reihen sitzen die angeketteten Sklaven übereinander an den langen Rudern, wer müde wird, kriegt einen Hieb mit der Peitsche, und hinter allen sitzt ein großer, dicker Mann an einer Art Pauke, der den Ruderern den Takt vorgibt.

Das Einzige, das an diesem Bild stimmt, ist der Mann mit der Pauke: Diesen *hortator* fand man tatsächlich auf Galeeren, und wo so viele Männer im Takt rudern sollten, war er auch dringend nötig. Denn natürlich fuhren römische Galeeren durchs Mittelmeer, aber ihre Besatzung bestand eben nicht aus Sklaven, sondern (zumindest in der überwältigenden Mehrheit) aus freien Männern, die als Ruderer arbeiteten. Eine Ausnahme gab es jedoch: das Kolosseum in Rom.

Kaiser Titus (reg. 79–81) ließ die Arena fluten und Seeschlachten nachstellen. Da alles so realistisch wie möglich sein sollte, wurden hier als Ruderer Sklaven verwendet und an die Ruderbänke gekettet, denn diese mussten beim Untergang eines Schiffes natürlich ertrinken – unter dem Jubel des Publikums.

Im Prinzip kam die Sitte, unfreie Menschen zur Arbeit als Ruderer zu verdammen, erst in der Neuzeit auf. Und tatsächlich wurden auch viele Menschen als Sklaven verschleppt und zum Rudern gezwungen: So gelang es der „Heiligen Liga" nach ihrem Sieg der über die Flotte des Osmanischen Reichs am 7. Oktober 1571 vor Lepanto, 15.000 christliche Rudersklaven zu befreien.

Land/Region	Einführung der Galeerenstrafe
Frankreich	Mitte 15. Jahrhundert
Rom	1471
Spanien	1502
Kirchenstaat	1516
Tirol	1539
Habsburgerreich	1556
Bern	1585
Deutschland	17. Jahrhundert
Neapel	1716

Grausame Mythologie

Diejenigen, die auf einem Bankett das Fleisch ihrer Kinder aßen: Tereus,
Sohn des Mars, aß Itys, seinen Sohn von Prokne. Thyestes, Sohn des Pelops,
aß seine Kinder von Aerope, Tantalos and Pleisthenes. Klymenos, Sohn des
Oineus, aß seinen Sohn von seiner Tochter Harpalyke.

(Quelle: Hygin, fab. 246 ff.)

Der Lehrer und Pfarrer Gustav Schwab aus Stuttgart verfasste ein drei-
bändiges Werk, das heute noch die beliebteste Sammlung antiker Mythen
darstellt: *Die schönsten Sagen des klassischen Altertums* (1838–40). Sein
Anspruch war, die Jugend mit der griechisch-römischen Mythologie
vertraut zu machen. Das war ein hehres Ziel – doch schon in der Phase
der Konzeption stand er vor einem Problem: Was tun mit den ganzen
Stellen skandalös expliziter Gewalt und Sexualität? Ihm blieb nichts
anderes übrig, als zu kürzen, umzudichten und neu zu formulieren, was
er in seinen Vorlagen von Homer bis Ovid fand und öffentlichen Anstoß
hätte erregen können.

Heute sind es vor allem die Szenen brutaler Gewalt, die noch immer
die Gemüter bewegen – wenn beispielsweise Tereus Philomela erst vergewaltigt und ihr dann die Zunge herausschneidet, damit sie ihn nicht
verraten kann. Oder wenn Philomela ihm später aus Rache zusammen
mit ihrer Schwester Prokne den gemeinsamen Sohn zum Abendessen
vorsetzt. Oder wenn 49 der 50 Töchter des Danaos in einer Nacht auf
dessen Geheiß ihre Ehemänner umbringen. Kein Wunder, möchte man
meinen, dass Schwab dies den jungen Leserinnen und Lesern nicht
zumuten wollte ohne zensierend einzugreifen. Zwar konnte er Details
wie eine herausgeschnittene Zunge, die durchaus plotrelevant waren,
nicht unterschlagen – aber eine Vergewaltigung? Das war zu viel. Bei
Schwab liest sich das dann so: „So fügte sie sich unter bittern Tränen der
Gewalt und ward seine Gemahlin.“ Immerhin kann man noch zwischen
den Zeilen lesen, was eigentlich gemeint war. Die griechische Tragödie
löste das Problem expliziter Gewaltdarstellung dadurch, dass die grau-

samsten Geschehnisse sozusagen hinter der Bühne stattfanden. Kunstblut gab es nicht. Wenn Medea beispielsweise ihre Kinder tötet, passiert das *offstage*, und es tritt danach jemand auf, der davon berichtet.

Man sollte aber nicht vergessen, dass die Ausübung von Gewalt im Mythos eine ganz bestimmte Funktion erfüllt. So wie man den Göttern Tiere (und in der Vorzeit auch Menschen) opferte, jenen also Gewalt antat, um die Götter gnädig zu stimmen, ist andersherum der Tod vor allem der Helden der antiken Mythologie vor allem eines: eine Bestätigung der Gewalt, die die Götter über die Menschen hatten. Das Ränkespiel der beim Kampf um Troja in der *Ilias* im Hintergrund die Fäden ziehenden olympischen Götter, dem ein Held nach dem anderen zum Opfer fällt, ist nur eine besonders deutliche Ausprägung davon. Schließlich dienten (und dienen, man denke an die Bibel) Mythen vor allem dazu, das Verhältnis zwischen Menschen- und Götterwelt zu definieren. Das unterscheidet sie beispielsweise von unseren Märchen, die – ähnlich wie die *urban legends* – in erster Linie eine konkret pädagogische Funktion haben. Und die, nebenbei bemerkt, oft nicht weniger grausam sind. Es kommt nur weniger Sex darin vor.

Hygins Kataloge der Grausamkeit

Der römische Mythograph Hygin aus dem 2. oder 3. Jh. n. Chr. verfasste ein Werk mit Kurz- bzw. Kürzestfassungen von über 200 Mythen. Sie dienten dazu, dem Leser einen schnellen Überblick über die Mythologie zu gewähren. Daneben bietet er auch eine Reihe von Listen, die gerade in ihrer nüchtern-prägnanten Darstellung umso besser zeugen, welche Grausamkeiten die mythologischen Geschichten bergen.

Männer, die ihre Töchter töteten

Agamemnon, Sohn des Atreus, tötete Iphigenie, doch Diana rettete sie.
Ebenso hat Kallisthenes von Euböa seine Tochter aufgrund eines Orakels zur Rettung seines Landes getötet.
Klymenos, Sohn des Oineus, tötete Harpalyke, denn sie setzte ihm bei einem Festmahl seinen Sohn zum Essen vor.
Hyakinthos, ein Spartaner, tötete Antheis, seine Tochter, aufgrund eines Orakels zur Rettung der Athener.
Erechtheus, Sohn des Pandion, tötete aufgrund eines Orakels Chthonia zur Rettung der Athener; ihre Schwestern brachten sich um.
Kerkyon, Sohn des Vulkan, tötete Alope, weil sie mit Neptun Inzest betrieben hatte.
Aiolos tötete Kanake, weil sie den Inzest mit ihrem Bruder beichtete.

Mütter, die ihre Söhne töteten

Medea, Tochter des Aeëtes, tötete Mermeros and Pheres, ihre Söhne von Jason.
Prokne, Tochter des Pandion, tötete Itys, ihren Sohn von Tereus, dem Sohn des Mars.
Ino, Tochter des Kadmos, tötete Melikertes, ihren Sohn von Athamas, dem Sohn des Aiolos, als sie auf der Flucht war vor Athamas.
Althaia, Tochter des Thestios, tötete Meleager, ihren Sohn von Oineos, dem Sohn des Parthaon, denn er hatte ihre Onkel getötet.
Themisto, Tochter des Hypseos, tötete Sphinkios und Orchomenos, ihre Söhne von Athamas, dem Sohn des Aiolos, angestiftet von Ino, der Tochter des Kadmos.

Tyro, Tochter des Salmoneos, tötete ihre zwei Söhne von Sisyphos, dem Sohn des Aiolos, aufgrund eines Orakels des Apollo.

Agaue, Tochter des Kadmos, tötete Pentheus, ihren Sohn von Echion, auf Drängen des Bacchus.

Harpalyke, Tochter des Klymenos, tötete das Kind, das sie von ihm empfangen hatte, denn sie hatte mit ihm, ohne es zu wissen, geschlafen.

Frauen, die ihre Ehemänner töteten

Klytaimnestra, Tochter des Thestios, tötete Agamemnon, Sohn des Atreus.

Helena, Tochter des Zeus und der Leda, tötete Deiphobos, Sohn des Priamos.

Agaue tötete in Illyrien Lykotherses, damit Kadmos, ihr Vater, an die Macht kam.

Deianeira, Tochter des Oineus, tötete Herkules, Sohn des Zeus und der Alkmene, auf Geheiß des Nessos.

Ilione, Tochter des Priamos, tötete Polymestor, den König der Thraker.

Semiramis tötete in Babylonien Ninos.

Männer, die ihre Ehefrauen töteten

Herkules, Sohn des Zeus, tötete Megara, die Tochter des Kreon, in einem Anfall von Wahnsinn.

Theseus, Sohn des Aigeus, tötete die Amazone Antiope, Tochter des Mars, aufgrund eines Orakels des Apollon.

Kephalos, Sohn des Deion oder des Merkur, tötete Prokris, Tochter des Pandion, ohne Absicht.

(Quelle: Hygin, fab. 238 ff.)

Ein Leben als Skandal: Nero

Mord und Totschlag prägten dieses Leben – fast kommt es einem vor, als habe der Sohn von seiner Mutter den Hang geerbt, sich unliebsamen Menschen dadurch zu entledigen, dass man sie umbrachte. Nero kam als Lucius Domitius Ahenobarbus zur Welt. Seine Mutter war Agrippina, Urenkelin von Augustus. Als ihr erster Mann, Neros Vater Ahenobarbus, 48 n. Chr. starb, heiratete Agrippina ihren Onkel, den amtierenden römischen Kaiser Claudius. Es gelang ihr, ihren Mann zu überreden, nicht etwa seinen leiblichen Sohn Britannicus zu seinem Nachfolger zu ernennen, sondern ihren Sohn.

Skandal: Agrippina tötet Claudius!

Claudius starb – von Agrippina vergiftet. Der Historiker Tacitus beschrieb dies sehr genau: „Das Gift wurde in einen delikaten Champignon gegeben, und man erkannte seine Kraft nicht sofort, das Claudius nicht nur geistig träge, sondern auch angetrunken war. Außerdem entleerte man seinen Darm, und das schien zu helfen. Agrippina war bestürzt und fürchtete Strafe, also wandte sie sich […] an den zuvor ins Vertrauen gezogenen Arzt Xenophon. Er gab vor, dem Kaiser beim Erbrechen zu helfen; dabei steckte er ihm, wie man glaubt, eine Feder in den Rachen, die mit einem schnell wirkenden Gift bestrichen war" (*ann.* 12.67).

So wurde Nero bereits mit 16 Jahren Kaiser. Doch Agrippina hielt sich nun, da ihr Sohn auf dem Thron saß, nicht etwa zurück. Nachdem sie mit ihrem Mann fertig war, begann sie, ihrem Sohn das Leben zur Hölle zu machen. Ganz offensichtlich traute sie ihm (und seinen Beratern, u. a. dem Philosophen Seneca) nicht zu, die Regierung zu führen, und wollte so viel wie möglich selbst entscheiden. Beispielsweise gefiel ihr gar nicht, dass Nero eine beinahe pazifistische Außenpolitik betreiben wollte, und half den senatorischen Kriegstreibern, sich immer wieder durchzusetzen. Und auch privat hatte sie überall die Finger im Spiel: Als Nero sich mit 18 Jahren in eine ehemalige Sklavin von Claudius namens Acte verliebte, die er sogar heiraten wollte, versuchte sie alles, um dies zu verhindern. Tatsächlich kam es zu keiner Eheschließung – zumal Nero bereits mit seiner eigenen Stiefschwester Octavia verheiratet war. Aber Nero gab Acte erst drei Jahre später, 58 n. Chr., auf, als er sich erneut verliebte, in eine Frau namens Poppaea Sabina. Doch war ihm mittlerweile klar, dass er eine Scheidung von Octavia gegen den Widerstand seiner Mutter niemals durchführen konnte, und so beschloss er, sie umbringen zu lassen. Dies ist freilich nur ein mögliches Motiv dafür, dass Nero Agrippina ermorden ließ. Aber auch aus dem wenigen bisher Geschilderten dürfte deutlich werden, dass es mehr als einen Beweggrund für diesen Schritt gab.

Skandal: Nero tötet seine Mutter!

Wie in vielen Gesellschaften war auch in Rom der Mord an Vater oder Mutter das schlimmste Verbrechen, das sich denken ließ. Daher wurde es auch besonders grausam bestraft, mit der Säckung (s. S. 161). Natürlich stand der Kaiser über dem Gesetz, und er hatte auch nicht selbst das Schwert in der Hand, das Agrippina tötete – die Bemerkung soll nur zeigen, wie schwer der Entschluss gewogen haben wird. Vielleicht plante Nero auch deshalb zunächst etwas, das wie ein Unfall aussehen sollte: Seine Mutter sollte eine präparierte Galeere besteigen, die dann sinken sollte und Agrippina ertrinken. Dummerweise gelang es ihr, an Land zu schwimmen. Am Ende ließ Nero sie ganz prosaisch ermorden, offiziell als Strafe dafür, dass sie angeblich ihn habe beseitigen wollen – was sicherlich nicht stimmte; schließlich hatte sie ja allein durch ihn den politischen Einfluss, den sie sich immer ersehnt hatte.

Skandal: Der Kaiser als Künstler!

Die künstlerische Ader des Kaisers, die auch in dem ursprünglichen elaborierten Mordanschlag zum Ausdruck kommt, gelangte nach Agrippinas Tod endlich zur vollen (und schließlich tragischen) Entfaltung – genau wie sein Hang zum Hedonismus und zu exotischen Vergnügungen. Beides sorgte für einen Skandal nach dem anderen. Im selben Jahr, 59 n. Chr., begann er damit, öffentlich als Dichter und Lyraspieler aufzutreten. Im stillen Kämmerlein war die Beschäftigung mit Kunst, Literatur, Theater und Musik gern gesehen, aber dies in aller Öffentlichkeit zu betreiben – das war unerhört und galt als absolut unwürdig für ein Mitglied der Oberschicht. Geschweige denn einen Kaiser.

Über die Qualität von Neros Darbietungen wissen wir nichts Objektives. Wohl aber ist überliefert, dass er bei seinen Auftritten nur Applaus gelten ließ. Nun, es hätte wohl auch kaum einer gewagt, dem mächtigsten Mann der Welt mangelndes Talent zu attestieren.

Auch Neros Privatleben kam nicht zur Ruhe: 62 n. Chr. rang er sich endlich dazu durch, sich von Octavia scheiden zu lassen, um Poppaea zu heiraten. Um nicht den Zorn des Volkes auf sich zu ziehen, bei dem Octavia sehr beliebt war, ließ er (wie Tacitus berichtet) erst herumerzählen, sie habe ihn betrogen, dann sogar, sie habe abgetrieben – und das, obwohl er offiziell die Scheidung einreichte, weil sie keine Kinder gebären könne; er schickte sie in die Verbannung und ließ sie dort töten. Leider lebte aber auch Poppaea nicht viel länger: Zwei Jahre später starb sie im Kindbett.

Skandal: Nero zündet Rom an!

In die Geschichte eingegangen ist Nero indes als der Mann, der Rom in Brand gesteckt, dann auf dem Balkon des Kaiserpalastes zur Lyra gesungen, während die Stadt in Flammen stand, und anschließend die Brandstiftung den Christen in die Schuhe geschoben hat, um einen plausiblen Grund zu haben, sie härter zu verfolgen. Tatsache ist, dass im Juli 64 drei der 14 römischen Stadtviertel bei einem Großbrand komplett dem Erdboden gleichgemacht wurden. Doch dass Nero dazu sang, kann nicht stimmen, denn er befand sich zu dieser Zeit nachweislich eine Tagesreise von Rom entfernt. Natürlich kann man nicht ausschließen, dass er gezielt Brände legen ließ, um seinen größten Traum zu verwirklichen: die *domus aurea*, einen Tempel gigantischen Ausmaßes, und für den brauchte er natürlich Baugrund.

> „Mit den Bekennern neuer Lehren/Ließ Nero manchen Leu ernähren."
> *Franz Mittler*

Was die Christenverfolgung angeht, spricht einiges dafür, dass Nero in erster Linie einen Sündenbock brauchte, dem er den Brand in die Schuhe schieben konnte – angesichts der in Rom herrschenden Stimmung, die sich deutlich gegen ihn richtete. Und da waren die Christen ein leichtes Ziel. Tatsächlich war diese Christenverfolgung eine der ersten im Reich, und sein antichristliches Edikt war am Ende das einzige, das der Senat nach Neros Tod nicht aufhob.

Im Jahr nach Poppaeas Tod begab sich der Sänger Nero auf große Tournee durch Griechenland, während man im Rom immer mehr zur Überzeugung gelangte, der Kaiser sei wahnsinnig und nicht mehr in der Lage, den Staat zu lenken – zumal er ihn durch seine extravaganten Aktivitäten fast in den Bankrott trieb. Die Zahl seiner Unterstützer nahm immer mehr ab, und es kam sogar zu einem Komplott: der sogenannten Pisonischen Verschwörung um den Republikaner Calpurnius Piso, zu der auch die Schriftsteller Lucan und Petron gehörten – und Neros alter Lehrer, der berühmte Philosoph Seneca. Das Attentat misslang, da jemand die Verschwörer verriet; man zwang sie zum Selbstmord.

Skandal: Der Kaiser wird zum Staatsfeind!

Im März 68 n. Chr. rebellierte der einflussreiche Statthalter von Gallia Lugdunensis, Gaius Julius Vindex, gegen Neros Steuerpolitik. Er wusste bald nicht nur große Teile des Heers hinter sich, sondern gewann auch Servius Sulpicius Galba, Statthalter in Hispanien, für seine Sache. Als sogar Neros Leibwache zu Galba überlief, wusste er, was die Stunde geschlagen hatte. Vindex sorgte dafür, dass Galba vom Senat zum neuen Kaiser ausgerufen wurde – zu diesem Zeitpunkt befand sich Nero noch in Rom, auch wenn er schon dabei war, seine Flucht vorzubereiten. Der Einzige, der ihm Unterschlupf gewährte, war ein ehemaliger Sklave; dort, in einer Villa nur wenige Kilometer vor den Toren Roms, erreichte Nero die Nachricht, der Senat habe ihn zum Staatsfeind (also für vogelfrei) erklärt und nach seinem Tod werde er der *damnatio memoriae* (s. S. 176) anheimfallen. Mit Hilfe seines Privatsekretärs schnitt er sich mit einem Dolch die Kehle durch. Laut Sueton rief er vor seinem Tod mehrmals die berühmt gewordenen Worte: „Welch ein Künstler geht mit mir zugrunde!"

Damnatio memoriae

„Verdammung des Andenkens" bedeutet dieser Begriff, und er bezeichnet den Vorgang, dass jemandes Name aus Inschriften und Aufzeichnungen entfernt wird (durch Vernichten oder Auskratzen) sowie Bilder und Statuen des Betreffenden zerstört werden, Münzen mit seinem Konterfei eingezogen. Heute kommt uns dabei in den Sinn, wie nach 1989 ostdeutsche Marx- oder Leninstatuen vernichtet wurden oder 2003 in Bagdad Saddam Husseins Statue vom Sockel gerissen wurde. Natürlich würde das Konzept der *damnatio memoriae* heute nicht mehr greifen, aber in einer Zeit begrenzter und staatlich kontrollierter öffentlicher Aufzeichnungen konnte man durchaus zumindest versuchen, jegliche Spuren einer bestimmten Person zu tilgen.

Die *damnatio memoriae* (dieser Begriff ist übrigens eine moderne Schöpfung) wandte man vor allem bei Herrschern an, die im Volk – und natürlich bei ihren Nachfolgern – so verhasst waren, dass man ihr Andenken verfluchte. Dass im Zuge dessen auch stets verboten war, den Namen eines solchermaßen Bestraften in der Öffentlichkeit zu erwähnen, ist allerdings ein Mythos. Belegt ist es immerhin für einen prominenten Fall: 356 v. Chr. zündete ein Mann namens Herostratos den Artemistempel von Ephesos, eines der Sieben Weltwunder, an – eingestandenermaßen, um berühmt zu werden. Bevor man ihn für seine unglaubliche Freveltat hinrichtete, versicherte man ihm, man werde fortan unter Strafe stellen, seine Tat zu erwähnen oder auch nur seinen Namen zu nennen. So hatte seine Aktion komplett ihren Sinn verloren.

Das erste Mal tauchte die *damnatio memoriae* bei den alten Ägyptern auf, u. a. bei den Pharaonen Echnaton, Tutanchamun, Eje und der Pharaonin Hatschepsut. Ein regelrechtes Revival erlebte sie in der römischen Kaiserzeit. Nicht nur viele missliebige Kaiser, sondern auch Senatoren wurden so bestraft. In manchen Fällen jedoch (Nero, Commodus) wurde eine solche Strafe unter späteren Kaisern, vor allem direkten Nachfahren, auch wieder rückgängig gemacht.

Man muss bei alledem jedoch bedenken: Dass wir so viele Namen (und Biografien) derer kennen, die der *damnatio memoriae* anheimfielen, spricht dafür, dass dieses System nicht besonders wirksam war. Alleine

Das Jugendbildnis des Geta ist „ausradiert": Tafelbild der Familie des Lucius Septimius Severus, um 200 n. Chr.; Antikensammlung, Staatliche Museen zu Berlin

dass unser moderner Sprachgebrauch einen Menschen, der um seiner Geltungssucht willen Verbrechen begeht, „Herostrat" nennt, zeigt, dass die Strafe der Epheser ihre Wirkung komplett verfehlt hat. Tatsächlich sind Wissenschaftler davon überzeugt, dass die *damnatio memoriae* zumindest in Rom keineswegs dazu gedacht war, die Erinnerung an eine Person auszulöschen, sondern im Gegenteil wachzuhalten – zur Mahnung der Nachwelt. Das erklärt, warum Namen aus Inschriften oder Gesichter aus Bildern oft halbherzig ausgekratzt scheinen; zumeist kann man noch erkennen, dass dort etwas stand oder jemand abgebildet war. Und oft kann man sogar noch den Namen entziffern. Ein eindrucksvolles Beispiel ist das berühmte Severer-Tafelgemälde in der Berliner Antikensammlung, bei dem die Severerfamilie porträtiert ist: Das Gesicht des Geta ist weggekratzt, aber das Bild erhalten, und jeder wusste (allein durch die übrigen Personen), wer da fehlte. Genau das war gewollt – man sollte sich auch weiterhin an die Betreffenden erinnern, aber eben als abschreckendes Beispiel.

Römische Kaiser, über die die *damnatio memoriae* verhängt wurde:

- NERO (37–68 n. Chr.)
- DOMITIAN (51–96 n. Chr.)
- COMMODUS (161–192 n. Chr.)
- GETA (189–211 n. Chr.)
- CARACALLA (188–217 n. Chr.)
- ELAGABAL (204–222 n. Chr.)
- MAXIMINUS THRAX (172–238 n. Chr.)

Die Varusschlacht

Einigen der römischen Soldaten stachen die Germanen die Augen aus, einigen schnitten sie die Hände ab, einem sogar die Zunge heraus, und sie nähten seinen Mund zu. Dann hielt einer der Barbaren die Zunge hoch und rief: „Endlich hörst du auf zu zischen, Schlange!"

(Quelle: Florus, epit. 2.30.37)

Das römische Volk war es nicht gewohnt, zu verlieren. Das Römische Reich hatte seine Grenzen seit Jahrhunderten immer mehr erweitert, und seit Julius Caesar hatte die Armee kaum noch eine bedeutende Niederlage einstecken müssen. Im Jahr 9 n. Chr. regierte Augustus, Roms erster Kaiser, und auch er war erfolgsverwöhnt – dass sich ausgerechnet unter seiner Regentschaft die bedeutendste militärische Katastrophe einer ganzen Epoche ereignete (während doch eigentlich die *pax Augusta,* der augusteische Frieden, herrschte), konnte er lange nicht verwinden.

Dem römischen Senator Publius Quinctilius Varus wurde im Jahr 7 n. Chr. die Aufgabe zugeteilt, in Magna Germania für Ruhe und Ordnung zu sorgen – auch wenn in der Forschung umstritten ist, ob dieses Gebiet zwischen Niederrhein und Unterelbe zur damaligen Zeit offiziell den Status einer Provinz hatte. Wie viele römische Statthalter zeichnete sich Varus dadurch aus, dass er die Provinz durch hohe Steuern ausblutete und kaum Respekt für die germanische Kultur aufbrachte. Die Germanen nahmen dies schließlich nicht mehr einfach so hin: Im Sommer 9 n. Chr. hatten Varus und seine Soldaten alle Hände voll zu tun, in der Grenzregion kleinere Aufstände beizulegen. Zu dieser Zeit hatte Varus drei komplette Legionen unter sich (die Legionen XVII, XVIII und XIX) sowie ein paar unabhängige Kohorten, drei Kavallerieeinheiten – und sogar ein paar germanische Truppen, die vom cheruskischen Stammesführer Arminius angeführt wurden. Arminius hatte mit Ende zwanzig bereits mehrere Jahre mit den Römern zusammengearbeitet. Er besaß das römische Bürgerrecht und war sogar in den

> „Varus, gib mir meine Legionen zurück!"
>
> *Augustus*

Rang eines Ritters erhoben worden. Inzwischen war er ein enger Berater von Varus geworden.

Im September 9 n. Chr. wollte Varus seine Armee, wie es üblich war, ins befestigte Winterlager führen, von der Weser an den Rhein. Auf dem Weg dorthin wurde ihm gemeldet, dass es erneut zu Rebellionen gekommen sei. Arminius war es, der Varus zur Abkürzung durch das wenig bekannte Gebiet des Teutoburger Walds riet, das Stammesgebiet der Cherusker. Arminius und seine Mitverschwörer begleiteten Varus auf dem Marsch, aber dann verließen sie ihn, um ihre eigene Streitmacht zu sammeln. Varus glaubte, sie würden zurückkehren, um ihn zu unterstützen. Stattdessen eilten Arminius und sein Vater Sigimer voraus, um die Römer im *saltus Teutoburgiensis*, einer sumpfigen Gegend mit einem Hügel an einer und weiten Feuchtgebieten auf der anderen Seite, in einen Hinterhalt zu locken. Mehrere abtrünnige Germanenstämme (v. a. Cherusker, Brukterer und Marser) halfen ihnen dabei. Das Ganze war von Arminius geplant, als Rache am römischen Volk, das, wenn es nach den Germanen ging, in Germanien nichts zu suchen hatte. Die Armee war beim Marschieren auf mehrere Kilometer verteilt, es ging durch unwegsames Gelände auf schmalen Wegen, und eine Legion bestand aus bis zu 6.000 Soldaten.

Arminius verabschiedete sich mit seinen Truppen vom Heer, angeblich, um das Gelände auszukundschaften. In Wirklichkeit gab er den im Wald entlang des Wegs versteckten Angehörigen diverser abtrünniger Germanenstämme den Befehl zum Angriff. Die Attacke erfolgte auf breiter Front von beiden Seiten des Weges – es gab keine Rückzugsmöglichkeit, auf der einen Seite befand sich eine Anhöhe, auf der anderen ein Sumpfgebiet. Das Überraschungsmoment und das schlechte Wetter taten das Übrige. Wir wissen ziemlich genau, was im Laufe der Schlacht geschah – es gibt zahlreiche Berichte darüber, die wahrscheinlich sogar auf Augenzeugenberichten basieren. Drei Tage lang dauerte die Schlacht. Die Zahl der Angreifer wuchs und wuchs, als sich die Kunde vom Kampf in Germanien verbreitete. Der Regen wurde ebenfalls stärker, und als Varus und seinen Offizieren bewusst wurde, wie hoffnungslos die Situation war, ergaben sie sich und begingen Selbstmord – wie auch viele Soldaten, die noch nicht von den Germanen umgebracht worden waren. Über 20.000 Römer wurden in der Schlacht getötet, und zwar nicht nur Soldaten, sondern auch Zivilisten und Sklaven, Frauen und Kinder. Schließlich hatte eine römische Armee auf einem Feldzug einen gewaltigen Tross dabei; wenn sie ihr Lager aufschlug, stand ihr beinahe eine ganze funktionierende römische Kleinstadt zur Verfügung, mit kompletter Infrastruktur.

Was für die Römer genauso schlimm war wie der Komplettverlust der drei Legionen: Auch ihre Heeresstandarten fielen in die Hände des Feindes, darunter drei Legionsadler. Selbstverständlich erzählte man sich in Rom wilde Geschichten über die Grausamkeit der Germanen: So hieß es, sie hätten Varus' von Soldaten bestatteten Leichnam wieder ausgegraben und ihm den Kopf abgeschlagen. Diesen schickten sie an den Anführer der suebischen Markomannen, Marbod, um ihn dazu zu bewegen, sich dem Kampf gegen die Römer noch in letzter Minute anzuschließen. Marbod jedoch ließ den Kopf nach Rom bringen und Augustus übergeben.

In Rom war das Ganze ein echter Skandal. Der *princeps* Augustus war am Boden zerstört. Sueton berichtet: „Er war so wütend, dass er sich monatelang weigerte, sich zu rasieren und die Haare schneiden zu lassen, und manchmal schlug er mit dem Kopf gegen die Tür und rief: ‚Quinctilius Varus, gib mir meine Legionen zurück!' Zudem bestimmte er den Jahrestag der Katastrophe zum offiziellen Trauertag" (Sueton, *Aug.* 23). Nichtsdestotrotz gewährte er Varus' Kopf in seinem eigenen Familienmausoleum eine letzte Ruhestätte. Während Augustus' Herrschaft gab es keine weiteren Versuche mehr, germanische Gebiete zu erobern.

Besuch auf dem Schlachtfeld, sechs Jahre später

Augustus wollte den Gefallenen und ihrem Anführer die letzte Ehre erwiesen. Das ganze Heer, das ihn begleitete, war von Trauer gezeichnet; sie dachten an ihre Verwandten und Freunde und schließlich auch an das Auf und Ab im Krieg und an das unsichere Schicksal der Menschen. [...] Mitten auf dem Feld lagen bleiche Knochen, dort, wo Männer geflohen waren oder sich gewehrt hatten; einige lagen verstreut, andere in Haufen. In der Nähe befanden sich zerbrochene Waffen und Beine von Pferden; Köpfe von Soldaten waren an Bäume genagelt. Im nahen Wald gab es Barbarenaltäre, dort hatten die Germanen die Tribunen und führenden Zenturionen abgeschlachtet. Und die Überlebenden der Katastrophe, die aus der Schlacht oder aus der Gefangenschaft entkommen waren, zeigten an, wo die Legaten gefallen, wo man die Adler geraubt hatte; wo Varus seine erste Wunde erlitten hatte und wo er sich mit seiner unglücklichen Hand das Leben nahm; wo Arminius sein Tribunal abgehalten hatte, wie viele Galgen und Gruben er hatte errichten lassen, und wo er die Standarten und Adler beleidigt hatte.

(Quelle: Tacitus, ann. 1.61)

Die größte Schmach: Verlust der Adler

Der Legionsadler war das wichtigste Symbol der römischen Wehrhaftigkeit. In frühen republikanischen Zeiten gab es in Rom noch fünf solche Symbole, die die einzelnen Abteilungen des Heers auf Feldzügen mitführten: Adler, Wolf, Minotaurus, Pferd und Wildschwein. Im Zuge einer weitreichenden Heeresreform entscheid man sich schließlich für den Adler als wichtigstes Symbol – er wurde als Adlerstandarte (lateinisch einfach *aquila* – „Adler") mitgeführt, ein Feldzeichen mit einer langen Stange und einer Adlerfigur aus vergoldetem Silber darauf; später, zur Kaiserzeit, war dieser Adler sogar komplett aus Gold.

Das teure Material war aber nicht der (alleinige) Grund, warum man es in Rom als so große Schmach empfand, wenn feindliche Truppen einen römischen Legionsadler erbeuteten: Ohne den Adler empfand sich ein Heereszug selbst sozusagen als „kastriert", so groß war die symbolische Kraft, die von der Adlerstandarte ausging. Die Träger der Legionsadler konnten großen Ruhm erlangen, wie z. B. derjenige der XIV. Legion, die bei 54 v. Chr. ihrem Lager an der Maas von Eburonen überfallen wurden. Mit letzter Kraft gelang es dem *aquilifer*, seine Standarte ins römische Lager zu werfen, bevor er starb. Und als Caesar 55 v. Chr. nach Britannien übersetzte, wollten seine Soldaten zuerst nicht das unbekannte Land betreten. Der Adlerstandartenträger ermannte sich und sprang als Erster an Land – selbstverständlich konnten seine Kameraden ihn (bzw. seinen Adler) nicht im Stich lassen und folgten ihm.

Als Rom vom ersten Triumvirat, bestehend aus Caesar, Pompeius und Crassus, regiert wurde, unternahm Letzterer, wahrscheinlich um zu zeigen, dass auch er das Zeug zum Feldherrn hatte, einen ansonsten ziemlich unmotivierten Feldzug gegen die Parther (im heutigen Iran). Die Rechnung ging nicht auf: Er unterlag und büßte seine Legionsadler ein – für die Römer ein richtiggehender Skandal. Caesar plante, die Adler zurückzuholen, wurde jedoch durch sein frühes Ableben daran gehindert. Ein paar Jahre später dann machte sich Marcus Antonius auf in Richtung Osten, um Roms Ehre wiederherzustellen. 40/39 v. Chr. kam er nicht einmal ganz bis ans Ziel, da er bereits in Kleinasien auf große Gegenwehr stieß; erst drei Jahre später gelang es ihm, im Reich der Parther einzu-

*Wertvoller und aufschlussreicher Hortfund aus Kalkriese: römische Münzen,
auf die Zeit der Varusschlacht datierbar (im Einzelnen: 15 Denare, 3 Quinare
und ein Aureus)*

marschieren. Doch alles war umsonst: Gegen die Parther hatte er keine
Chance, und noch auf dem Rückzug wurde er immer wieder angegriffen.
Von seinen 60.000 Soldaten starben über die Hälfte, 8.000 allein auf dem
Rückmarsch – eine skandalöse Niederlage, die erst durch die Varusschlacht übertroffen werden sollte. Die Adler hatte er nicht zurückgeholt,
das musste, wiederum 16 Jahre später, Augustus erledigen. Dieser war
inzwischen so mächtig und außerdem ein so kluger Taktiker, dass er,
anstatt zu kämpfen, ein Abkommen mit dem Partherkönig aushandelte,
im Zuge dessen dieser die Legionsadler endlich herausgab. In Rom wusste
der Kaiser das Ganze natürlich als militärischen Sieg zu feiern.

Statistik des Todes

Wenn im Rückblick von rund 2.000 Jahren mit Zahlen hantiert wird, bringt das immer Probleme mit sich, und so kann auch hier nur geschätzt werden. Dennoch haben sich viele Forscher große Mühe gegeben, aus existierenden Aufzeichnungen zu rekonstruieren, wie viele Menschen im Laufe der römischen Geschichte in den diversen Kriegen ihr Leben ließen. Interessanterweise ist es um heutige Kriegsstatistiken kaum besser bestellt. Wie Matthew White, der Autor von *The Great Big Book of Horrible Things*, ausführt, hat man für den Golfkrieg 1991 Zahlen von 100.000 getöteten Irakis angegeben, obwohl amerikanische Soldaten lediglich 577 tote irakische Soldaten fanden; und für den zweiten Golfkrieg reichen die Schätzungen darüber, wie viele Menschen im Nachgang des Kriegs ab 2003 ihr Leben ließen, von 85.000 bis 1,2 Millionen – eine solche Diskrepanz gibt es für römische Kriege kaum. Die folgende Statistik basiert auf einer Kompilation durch Matthew White, die sich an Edward Gibbon, *Decline and Fall of the Roman Empire*, Naphtali Lewis, *Roman Civilization*, Pitirim Sorokin, *Social and Cultural Dynamics* u. v. a. orientiert.

> „Sie verwandeln die Landschaft in eine Wüste und nennen es Frieden."
> *Galgacus (nach Tacitus)*

Zahl der von römischen Soldaten im Krieg getöteten Menschen

Punische Kriege	1,0 Mio.
Bürgerkriege	0,3 Mio.
Gallischer Krieg	1,0 Mio.
Kriege gegen Kimbern/Teutonen	0,3 Mio.
Boudicca-Aufstand	0,15 Mio.
Jüdische Kriege	1,9 Mio.
Gladiatoren	1,0 Mio.
Konstantin/Spätantike	3,0 Mio.
SUMME	**über 8 Mio.**

LITERATUR

Allgemein

Jens Bergmann, Bernhard Pörksen (Hrsg.): Skandal! Die Macht öffentlicher Empörung, Köln 2009

Jochen Bleicken: Geschichte der römischen Republik, München 2004

Klaus Bringmann: Römische Geschichte. Von den Anfängen bis zur Spätantike, München 82004

Karl Christ: Geschichte der römischen Kaiserzeit. Von Augustus zu Konstantin, München 52005

Hans-Joachim Gehrke und Helmuth Schneider (Hrsg.): Geschichte der Antike, Stuttgart ²2006

Cornelius Hartz: Tatort Antike. Berühmte Kriminalfälle des Altertums, Darmstadt 2012

Ingemar König: Vita Romana. Vom täglichen Leben im alten Rom, Darmstadt ²2007

Detlef Liebs: Vor den Richtern Roms. Berühmte Prozesse der Antike, München 2007

Philip Matyszak und Joanne Berry: Who is who im alten Rom, Mainz 2008

Peter Mauritsch u. a. (Hrsg.): Antike Lebenswelten. Konstanz – Wandel – Wirkungskraft. Festschrift für Ingomar Weiler zum 70. Geburtstag, Wiesbaden 2008

Marcus Reuter und Romina Schiavone (Hrsg.): Gefährliches Pflaster. Kriminalität im Römischen Reich, Darmstadt 2011

Rolf Rilinger: Leben im Alten Rom. Ein Lesebuch, München 2000

Colin Wells: The Roman Empire, Cambridge M. A. ²1994

Matthew White: The Great Big Book of Horrible Things, New York 2011

Liebe, Sex und Ehebruch

Jan Bremmer: From Sappho to De Sade. Moments in the History of Sexuality, London 1989

James N. Davidson: Kurtisanen und Meeresfrüchte. Die verzehrenden Leidenschaften im klassischen Athen, Berlin 1999

K. J. Dover: Greek Homosexuality, Cambridge/Mass. 1978

Michel Foucault: Sexualität und Wahrheit, Frankfurt/Main 1986

Judith P. Hallet und Marilyn B. Skinner (Hrsg.): Roman Sexualities, Princeton 1997
Debra Hamel: Der Fall Neaira. Die wahre Geschichte einer Hetäre im antiken
  Griechenland, Darmstadt 2004
Thomas K. Hubbard (Hrsg.): Homosexuality in Greece and Rome, Berkeley 2003
Thomas Mannack: Griechische Vasenmalerei. Eine Einführung, Darmstadt 2012
Sam Moorhead und David Stuttard: 31 v. Chr. Antonius, Kleopatra und der Fall
  Ägyptens, Stuttgart 2012
Carola Reinsberg: Ehe, Hetärentum und Knabenliebe im antiken Griechenland,
  München 1989
Wolfgang Sorge: Die Geschichte der Prostitution bis ins 19. Jahrhundert, Bremen
  2011

Skandalkultur – Kulturskandale

Wolfgang Behringer: Kulturgeschichte des Sports. Vom antiken Olympia bis ins
  21. Jahrhundert, München 2012
Werner Dahlheim: Augustus. Aufrührer – Herrscher – Heiland, München 2010
Werner Eck: Augustus und seine Zeit, München ³2003
Antonio Escohotado: The General History of Drugs, Bd. 1, Valparaiso 2010
Karl Galinsky: Augustus. Sein Leben als Kaiser, Darmstadt 2013
Fritz Graf: Gottesnähe und Schadenzauber. Die Magie in der griechisch-römischen
  Antike, München 1996
Wolf-Dieter Heilmeyer (Hrsg.): Mythos Olympia. Kult und Spiele, München 2012
David. C. A. Hillman: The Chemical Muse. Drug Use and the Roots of Western
  Civilization, New York 2008
Marcus Junkelmann: Hollywoods Traum von Rom. „Gladiator" und die Tradition
  des Monumentalfilms, Mainz 2004
Helmut Kyrieleis: Olympia. Archäologie eines Heiligtums, Mainz 2011
Michael Schroeder: Sappho von Lesbos. Europas erste Dichterin. Biographie,
  Düsseldorf 2008
Pat Southern: Augustus, New York 1998
Antonio Varone: Erotica Pompeiana. Love Inscriptions on the Walls of Pompeii,
  Rom 1994
Katharina Volk: Ovid. Dichter des Exils, Darmstadt 2011

Politiker im Zwielicht

Karl Christ: Krise und Untergang der römischen Republik, Darmstadt 1979
Luciano Canfora: Caesar. Der demokratische Diktator. Eine Biographie, München
  2004

Johannes Engels: Philipp II. und Alexander der Große, Darmstadt ²2012

Fiona Forsyth: Cicero. Defender of the Republic, New York 2003

Manfred Fuhrmann: Cicero und die römische Republik. Eine Biographie, Mannheim 2011

Rupert Gebhard, Ellen Rehm und Harald Schulze (Hrsg.): Alexander der Große. Herrscher der Welt, Darmstadt 2013

Martin Jehne: Caesar, München ²2001

Ulrich Manthe und Jürgen von Ungern-Sternberg (Hrsg.): Große Prozesse der römischen Antike, München 1997

Hermann Alexander Schlögl: Das Alte Ägypten. Geschichte und Kultur von der Frühzeit bis zu Kleopatra, München 2006

Susan O. Shapiro: O tempora! O mores! Cicero's Catilinarian Orations, Norman 2005

Wilfried Stroh: Cicero. Redner, Staatsmann, Philosoph, München 2008

Pascal Vernus: Affairs and Scandals in Ancient Egypt, Cornell 2003

Mord und Totschlag mit System

Stephan Elbern: Nero. Kaiser, Künstler, Antichrist, Mainz 2010

Günter Figal: Sokrates, München ³2006

Günter Fischer und Susanne Moraw (Hrsg.): Die andere Seite der Klassik. Gewalt im 5. und 4. Jahrhundert vor Christus, Wiesbaden 2005

Michael Gagarin und David Cohen (Hrsg.): The Cambridge Companion to Ancient Greek Law, Cambridge 2005

Horst Herrmann: Nero. Eine Biographie, Berlin 2005

Marcus Junkelmann: Gladiatoren. Das Spiel mit dem Tod, Mainz 2008

Jens-Uwe Krause: Kriminalgeschichte der Antike, München 2004

Donald G. Kyle: Spectacles of Death in Ancient Rome, London/New York 1998

Karl Bruno Leder: Todesstrafe. Ursprung – Geschichte – Opfer, Erftstadt 2006

Christian Mann: Die Gladiatoren, München 2013

Umberto Pappalardo: Pompeji. Leben am Vulkan, Mainz 2010

Matthew White: Atrocities. The 100 Deadliest Episodes in Human History, New York 2013

ABBILDUNGSNACHWEIS

S. 14, S. 175: bpk/Antikensammlung, SMB/Johannes Laurentius

S. 18, S. 119, S. 132, S. 162: akg-images

S. 24: bpk/Hamburger Kunsthalle/Elke Walford

S. 37: Wikimedia/Creative Commons Attribution 2.5 Generic/663highland

S. 60, S. 149: akg-images/De Agostini Picture

S. 64: Wikimedia/Creative Commons Attribution 2.5 Generic/Peripitus

S. 79: Wikimedia/Creative Commons Attribution 2.0 Generic/troy mckaskle

S. 92: akg-images/Tristan Lafranchis

S. 106: akg-images/Nimatallah

S. 128: Wikimedia/Creative Commons Attribution 3.0 Unported/Motacilla

S. 141: Wikimedia/gemeinfrei/Editor at Large

S. 154: Wikimedia/Creative Commons Attribution 2.5 Generic/Zyance

S. 182: akg-images/Museum Kalkriese